NÃO MAIS ESCRAVO DO MEDO

Não mais escravo do medo

1ª edição: Junho 2024

Citações da Bíblia Almeida Revista e Atualizada, SBB.
Outras versões citadas identificadas como: NVT Nova Versão Transformadora, Mundo Cristão NTLH Nova Tradução na Linguagem de Hoje, SBB

Autor:
Flavio Valvassoura

Revisão:
Daniela Georgeto

Projeto gráfico e diagramação:
Jéssica Wendy

Capa:
Rafael Brum

DADOS INTERNACIONAIS DE CATALOGAÇÃO NA PUBLICAÇÃO (CIP)

Valvassoura, Flavio
Não mais escravo do medo : Liberte-se dos efeitos destruidores produzidos pelo sentimento mais escravizante do mundo / Flavio Valvassoura. — Porto Alegre : Citadel, 2024.
240 p.

ISBN: 978-65-5047-475-1

1. Autoajuda 2. Medo 3. Espiritualidade I. Título

24-2865 CDD - 158.1

Angélica Ilacqua - Bibliotecária - CRB-8/7057

Produção editorial e distribuição:

CITADEL Grupo Editorial
contato@citadel.com.br
www.citadel.com.br

FLAVIO VALVASSOURA

NÃO MAIS

LIBERTE-SE DOS EFEITOS DESTRUIDORES PRODUZIDOS

ESCRAVO

PELO SENTIMENTO MAIS ESCRAVIZANTE DO MUNDO

DO MEDO

CITADEL Grupo Editorial

ACAZ EDITORIAL

2024

SUMÁRIO

Existe um medo que nos alerta em relação aos perigos da vida, mas também existe um medo que pode paralisar a nossa existência. Esse medo não é um comportamento espiritualmente neutro. É uma fé invertida, negativa. Medo é fé na desgraça, na doença, na tragédia. Jó explica o princípio do medo dizendo: "O que eu mais temia me sobreveio". Todo medo precisa ser enfrentado. Coragem não é ausência de medo, mas a capacidade de enfrentá-lo de maneira apropriada. Este livro é extremamente oportuno para esse tempo de tantas incertezas. Recomendo a todos seu excelente conteúdo, bem como seu autor, meu querido amigo, pastor Flavio Valvassoura.

MARCOS DE S. BORGES, (PR COTY) JOCUM JOVENS COM UMA MISSÃO

O medo é mais do que um sentimento, é um espírito opressor (2 Tm 1:7). Tem mantido em suas garras as suas vítimas e colocado no calabouço famílias inteiras. Nesta brilhante obra, o pastor Flavio Valvassoura nos toma pela mão, nos conduz pelos corredores iluminados das Escrituras e nos ajuda a viver livres da escravidão do medo. Obra preciosa, leitura indispensável!

REV. HERNANDES DIAS LOPES, PASTOR DA 1ª IPB DE VITÓRIA/ES E IPB DE PINHEIROS/SP

Nunca antes nosso mundo foi atacado por uma onda de medo que escraviza o ser humano na esfera física, emocional e espiritual. Neste livro, o pastor Flavio Valvassoura o levará numa jornada de vitória e libertação sobre o medo e suas consequências nefastas sobre o seu dia a dia! Tenha este livro junto de si, sempre que as trevas do medo o tentarem cercar... será libertador.

MÁRIO RUI BOTO, PASTOR PRINCIPAL HILLSONG PORTUGAL

Um dos sentimentos mais paralisantes para o ser humano é o medo. Ele rouba sonhos, sequestra expectativas, adia projetos e reduz a vida a uma triste e escura existência. Neste trabalho maravilhoso, meu amigo, pastor Flavio Valvassoura, nos guia por um caminho de compreensão e superação desse sentimento, ao inundar de esperança o nosso coração com as suas palavras. Com base na Palavra de Deus e com um estilo encorajador, o autor o ajudará a superar seus medos e viver de maneira muito mais saudável.

MANOEL OLIVEIRA, M.DIV TEÓLOGO, PROFESSOR, ATIVISTA COMUNITÁRIO
PASTOR DA NEW LIFE CHURCH EM FRAMINGHAM, EUA

Coragem é, sem dúvida, uma virtude decisiva para o Cristianismo dos dias finais. Qualquer que seja a linha escatológica abraçada, dificilmente se negará o fato de que as pressões aumentarão à medida que a volta de Jesus se aproxima. Ao escrever um livro no qual denuncia e combate o medo com os argumentos da fé, Flavio Valvassoura usa seu profundo conhecimento bíblico e sua admirável capacidade de comunicar para nos munir com os argumentos que precisamos para permanecermos inabaláveis diante das ameaças que este tempo nos impõe.

DANILO FIGUEIRA, PASTOR SÊNIOR DA COMUNIDADE CRISTÃ DE RIBEIRÃO PRETO/SP

PREFÁCIO

Ainda temos vívido em nossa memória o período sombrio que assolou a humanidade diante da realidade de uma pandemia que causou inúmeras perdas e obrigou o mundo todo a se deparar com um futuro incerto.

Durante esse período difícil em que fomos submetidos a um abrupto isolamento social, ao terror midiático e à ameaça real de um vírus letal, todos nós, de alguma forma, fomos expostos à experiência do medo. Medo de contaminação; medo de morrer; medo de perder pessoas amadas, amigos e familiares; medo de perder o emprego etc. Foram tantas as incertezas que o medo se transformou em pânico, ameaçando nossa própria vida. Até aqueles que se gabavam de não ter medo de nada se depararam com a realidade implacável que esse sentimento impõe em momentos de incerteza e ameaça iminente. Afinal, o que é o medo? Qual a sua natureza? Como ele se instala e afeta a nossa psiquê? Existe um remédio para o medo? Então como se livrar dele?

Sem dúvida alguma, o medo é o mais antigo inimigo da alma humana. Instalou-se muito cedo no Éden, numa primeira sinalização de fraqueza interior do homem, como expressão de vergonha e insegurança, e, desde então, tem se perpetuado ao longo dos séculos, como um componente malévolo do enredo dos dramas da humanidade. A história do medo se confunde com a história do próprio homem na terra.

"E o Senhor Deus chamou o homem e lhe perguntou: Adão, onde estás? Ele lhe respondeu: Ouvi a tua voz no jardim, e porque estava nu, tive medo, e me escondi" (Gênesis 3: 9-10).

O medo não é apenas o mais antigo inimigo anímico que conhecemos, é também um dos mais dissimulados, sorrateiros e ardilosos. Muitas vezes, ele invade a nossa alma sem que o percebamos, tal como um vírus silencioso e assintomático, e, quando nos damos conta, já estamos infectados.

Em muitos casos, o medo só é percebido quando se revela ameaçador, como um gigante dentro de nós, capaz de destruir nossas fortalezas interiores, sequestrar nossa paz, matar nossos sonhos e até mesmo abalar as estruturas sagradas da nossa fé.

O grande perigo é que o medo tem muitas "caras". Ele não se revela de maneira uniforme, capaz de ser identificado facilmente. Antes, pelo contrário, ele é plural em suas manifestações, e possui graus e intensidades diferentes para nos atingir. Pode ser real ou imaginário; saudável ou patológico; protetor ou ameaçador; necessário ou repugnante.

Em qualquer situação, ele é (e será) sempre um inimigo a ser vencido. Seus efeitos são, de fato, muito danosos e atingem a pessoa em várias dimensões, especialmente nas suas emoções, sentimentos, no seu físico (somatização), e na base de seus valores e da sua espiritualidade.

O medo é ardilosamente perigoso. Por ser dissimulado, ele também usa máscaras quando se aloja na alma; faz isso para tentar negar sua presença e, assim, evitar ser tratado como tal. Suas máscaras são muitas e diferentes. Às vezes, assumem a aparência de virtudes, como a prudência, a modéstia, a precaução e o cuidado; outras vezes, aparecem travestidas de inibição, desconfiança, ansiedade, resistência, aversão etc.

Geralmente, por trás dessas reações e comportamentos, está o medo não percebido e, portanto, também não assumido. Ele tem o poder nefasto de desfigurar realidades. É capaz de transformar uma vida potencialmente bela, cheia de cores e sonhos, em uma existência opaca, sem qualquer brilho, enclausurada nos porões sombrios do pavor, da insegurança, da frustração e da infelicidade.

Uma pessoa dominada pelo medo torna-se incapaz de tomar decisões com consciência e segurança; decisões estas que poderão melhorar o seu presente, e principalmente pavimentar as rotas do seu futuro. Por quê? Porque o medo aprisiona a alma, cria fantasmas que são tidos como reais, amplia as percepções negativas e obscurece o horizonte à frente.

As lentes do medo são traiçoeiras. Sob o seu olhar, os problemas se agigantam, as fronteiras se eternizam, as dores se intensificam, a fé se enche de dúvidas e a esperança se esconde por trás da cortina da incerteza e desaparece no cenário do amanhã. A esperança é o combustível da vida, e o medo é a corrosão desse combustível. Quando somos vitimizados pelo medo, nossa existência sinaliza constantes e diferentes pedidos de socorro. São gritos da alma ansiando por liberdade para voltar a respirar, perseguir sonhos e levantar troféus. Quais são esses sinais? Desejo de fuga e isolamento; apatia pela vida e abandono de novas aventuras; necessidade neurótica de controlar as pessoas e as circunstâncias; falta de autoconfiança e baixa autoestima; contínuas sensações de derrotas, frustrações e fracassos.

O medo, pois, provoca muitos desgastes na psiquê humana, como desânimo, bloqueios cognitivos, desgastes afetivos, negação da realidade, perda de energia vital, entre outros males.

O medo é avassalador. Ninguém, por si mesmo, poderá enfrentá-lo e derrotá-lo com êxito. Ele é um Golias que se levanta dentro de nós e insiste em nos ameaçar. Todavia, não é invencível. Contudo, precisaremos não só de coragem para estar diante dele, inclusive sabendo que sua superação não se dará exclusivamente nos limites de um consultório de aconselhamento. Precisaremos usar armas e escudos espirituais, os quais Deus já nos providenciou em Cristo. Se a morte foi vencida, por que o medo não?

É nesse contexto de esperança bíblica e graça sobrenatural, que chega às nossas mãos esta primorosa obra do pastor Flavio Valvassoura: NÃO MAIS ESCRAVO DO MEDO.

Ao longo da sua rica exposição sobre o tema, capítulo por capítulo, biblicamente alicerçados, o autor demonstra a eficácia espiritual para a superação e a vitória sobre o gigante do medo, especialmente demonstrando exemplos inspiradores e irrefutáveis de pessoas que venceram o medo porque abraçaram as promessas de Deus. Se elas venceram, nós também poderemos vencer. Afinal de contas, esta é a grande verdade bíblica que subjaz a toda obra e pensamento do autor: Deus não nos deu espírito de medo, mas de poder, de amor e de moderação.

Vivamos, assim, não mais escravos do medo. Boa leitura!

PR. ESTEVAM FERNANDES DE OLIVEIRA,
MINISTRO DO EVANGELHO E PSICÓLOGO CLÍNICO

INTRODUÇÃO

Medo nada mais é que pensar em mim e nas minhas habilidades, em vez de ter a mente focada em Deus.

J. KELLER. PASTOR AMERICANO, TEÓLOGO E APOLOGISTA CRISTÃO.(1950-2023)

Tu és o meu servo, eu te escolhi e não te rejeitei, não temas, porque eu sou contigo; não te assombres, porque eu sou o teu Deus; eu te fortaleço, e te ajudo, e te sustento com a minha destra fiel. (Isaías 43:9-10)

Muita gente está doente por causa do medo, síndrome do pânico, transtornos de ansiedade, e essa tem sido uma das armas mais utilizadas para aprisionar pessoas.

Todos precisamos lidar com o medo em nossas vidas. Medo de perder o emprego, de fracassar nos relacionamentos, de não agradar as pessoas.

Muitas coisas ao nosso redor tendem a nos provocar medo. Ele traz turbulência aos nossos corações e mentes. Quando estamos cheios de medo, não conseguimos raciocinar corretamente. Parece que tudo que fazemos está correndo risco.

Dominados pelo medo, somos constantemente atingidos pelo pensamento negativo de que as coisas não só podem como darão errado.

FATOR COMUM

Uma das coisas mais comuns a todas as pessoas é o fato de que todos temem alguma coisa. Todos nós temos medo, por diferentes motivos, de situações em que nos sentimos ameaçados. Até aqueles que se dizem corajosos diante de qualquer obstáculo, diante de qualquer situação, em uma ou outra circunstância vão se deparar com algo que Deus permite alojar-se dentro deles, que é o medo.

Ao contrário do que muita gente pensa, o medo não é necessariamente algo somente negativo. Ele pode ser um recurso para preservação da própria vida.

Com medo de algumas situações, por exemplo, da alta velocidade de um carro, você diminui a pressão do pé no pedal do acelerador; com medo de chegar muito próximo de um parapeito baixo de um prédio de trinta, quarenta, cinquenta andares, você se aproxima com cautela.

O medo colabora para preservar a vida. O medo foi, inclusive, usado como fator de cuidado e zelo nos contatos humanos nesse período de pandemia. Com medo de contaminação, medo de transmitir a doença para as pessoas mais vulneráveis – aqueles que estavam nos grupos chamados de risco –, nos protegemos ainda mais.

A PANDEMIA DO MEDO

Evitávamos estar em ambientes onde se encontravam pessoas sem máscara, higienizávamos as mãos, procurávamos ter todo cuidado, com medo de que alguém viesse a se infectar. A verdade é que o vírus da covid-19 gerou um outro mal generalizado: a pandemia do medo.

Entretanto, o problema é quando o medo começa a controlar a sua vida, quando ele deixa de exercer papel protetor para agir de forma pesada e quase que repressora. Quando você já não faz mais nada por causa do medo.

O medo na dose errada faz muito mal. Na dose certa e necessária ao equilíbrio físico-químico do nosso metabolismo, ele se comporta como um importante sinal de alerta – assim como aquelas luzes que se acendem e piscam no painel dos automóveis indicando temperatura, nível de combustível e outros fatores necessários para o bom funcionamento de um veículo.

Cerca de 65% do corpo humano é composto por água.[1] Costumo dizer que, se você está um pouquinho acima do peso, não é que esteja gordo, mas talvez esteja inchado, retendo muito líquido. E, dentro dessa complexidade que é o nosso organismo,

1. Disponível em: https://pt.wikipedia.org/wiki/Água_corporal. Acesso em: 1 jun. 2024.

Deus colocou funções específicas para cada um desses indicadores que sinalizam o nível adequado de hormônios – em especial a adrenalina, relacionada a nossa capacidade de reagir, ficar em alerta e proteger-nos diante de uma situação de perigo. E não somente de dano físico, mas também nos aspectos emocionais, mentais e no uso da vontade.

A adrenalina nos faz reagir diante de situações de perigo, e nessa interação química o medo entra na dose certa para cumprir o seu papel de alerta.

A adrenalina, também conhecida como epinefrina, é um hormônio liberado na corrente sanguínea que tem a função de atuar sobre o sistema cardiovascular e manter o corpo em alerta para situações de fortes emoções ou estresse, como luta, fuga, excitação ou medo.[2]

QUE TIPO DE MEDO É O SEU?

Há basicamente dois tipos de medo: o bom e o ruim. O medo bom é aquele que é necessário para não chegar perto do fogo por ter o cuidado de não se queimar; medo de dirigir muito rápido e se acidentar; medo de abusar de algo por saber que aquilo pode fazer mal e buscar a preservação da saúde.

Muitos afirmam ter medo de comer muita gordura, porque vai aumentar o colesterol, com o risco de desenvolver pla-

2. Disponível em: https://www.tuasaude.com/adrenalina/. Acesso em: 1 jun. 2024.

cas que podem gerar um infarto, um AVC, uma mistura de medos bons e prudência.

Há também um medo que a Bíblia denomina de temor do Senhor. A Bíblia afirma que o temor do Senhor é o princípio para saber lidar com sabedoria em todas as situações da vida dos filhos de Deus.

Temer a Deus, entretanto, é no sentido de respeito, de reconhecer, reverentemente, que é a misericórdia do Senhor que nos preserva da destruição do pecado – e apenas os tolos a rejeitam, conforme diz a Bíblia. É o medo reverente, que traz preservação até mesmo dentro do ambiente de casa.

Grandes são as obras do Senhor, consideradas por todos os que nelas se comprazem. Em suas obras há glória e majestade, e a sua justiça permanece para sempre.

Ele fez memoráveis as suas maravilhas; benigno e misericordioso é o Senhor. Dá sustento aos que o temem; lembrar-se-á sempre da sua aliança.

Manifesta ao seu povo o poder das suas obras, dando-lhe a herança das nações. As obras de suas mãos são verdade e justiça; fiéis, todos os seus preceitos. Estáveis são eles para todo o sempre, instituídos em fidelidade e retidão. Enviou ao seu povo a redenção; estabeleceu para sempre a sua aliança: santo e tremendo é o seu nome.

> *O temor do Senhor é o princípio da sabedoria; revelam prudência todos os que o praticam. O seu louvor permanece para sempre. (Salmo 111:2-10)*

ESCRAVO DO MEDO

Existe, entretanto, outro tipo de medo que é extremamente danoso. É o lado mau do medo. São aqueles medos ruins que, direta ou indiretamente, chegam a produzir danos físicos, mentais e espirituais escravizantes nas pessoas. São aqueles sentimentos, pensamentos e impulsos que, mesmo de forma impensada e inconsciente, começam a reger sua forma de viver, transformando-o em um prisioneiro com a vida permanentemente ameaçada.

Suas ações agora não são mais dominadas pelos seus sonhos, projetos, e nem mesmo por uma promessa. Você começa aos poucos a ser encarcerado pelo medo, que, de uma forma muito vagarosa, aprisiona pessoas, famílias, sonhos e projetos. Dizem os especialistas que muitas pessoas não viveram seu potencial ao máximo, não porque elas não tinham capacidade de fazê-lo, mas sim porque o medo as impediu de dar o primeiro passo.

Esse comportamento de medo estava se manifestando na vida de um jovem pastor, que será confrontado pelo seu mentor sobre como não mais ser escravo do medo.

Seu nome era Timóteo.

MEDOS COMUNS, MAS INCÔMODOS

O anseio por evolução, crescimento, por melhoria no desempenho profissional, familiar, pessoal e espiritual, é natural do ser humano. E isso acontece desde a mais tenra idade. Já reparou em duas crianças ou dois irmãozinhos brincando? Em alguns momentos eles competem entre si e chegam a discutir e até a chorar quando não conseguem superar o outro. Isso nada mais é do que a manifestação precoce do impulso que temos por superar nossos limites e por alcançar estágios de nossa existência que nos façam sentir melhores, vivos, ativos e realizados.

Em um de seus livros, intitulado *O que é religião?*,[3] o pedagogo, teólogo e filósofo Rubem Alves diz que, de todos os seres vivos, o homem é o único que não se acomoda ao seu meio ambiente – ele o transforma! Os animais não modificam a natureza para que possam permanecer num determinado lugar ou território. Já o homem derruba florestas, usa a madeira para fazer móveis, constrói casas, represa o rio e faz uma usina. O homem é inquieto e está o tempo todo realizando coisas e grandes feitos.

E o que pode impedir o homem de superar seus limites? O que o impede de sonhar e de imaginar coisas antes inexistentes? O que pode intimidá-lo no impulso natural na direção de sua própria superação? A resposta são os medos, seus próprios medos.

Os medos são, inúmeras vezes, a única e poderosa causa do impedimento de uma pessoa progredir, prosperar, avançar em

---

3. ALVES, Rubem. *O que é religião?* 9. ed. São Paulo: Loyola, 2008.

seus planos e projetos. Na relação dos medos mais comuns em nossos dias, medos que têm levado pessoas a se intimidarem diante dos desafios e feito tantas outras procurar ajuda de especialistas, estão o medo do fracasso, o medo da rejeição, o medo do desconhecido, o medo da mudança e o medo do julgamento dos outros. Em nossa experiência lidando com pessoas há muitos anos, temos constatado que esses medos são os que mais estão presentes nas falas, nas confissões, nas declarações feitas por pessoas que foram travadas, paralisadas e que sofreram com esse sentimento ou sensação.

Os medos escravizam a vida de uma pessoa. E eles fazem isso quando exercem controle significativo sobre suas ações, pensamentos e decisões, impedindo-a de viver plenamente. Isso pode incluir o medo crônico de fracassar, o medo paralisante de enfrentar desafios, o medo obsessivo de julgamento social, o medo de ser abandonado ou o medo de não ser bom o suficiente. Esses medos podem restringir a liberdade pessoal e impedir o progresso e a felicidade.

Superar esses medos muitas vezes irá requerer um mínimo de autoconhecimento, o voltar-se para si e saber reconhecer as próprias virtudes, as próprias competências e os próprios valores. Do mesmo modo, a superação de seus medos irá requerer que se tenha confiança na capacidade pessoal de superação, mas essa confiança não estará baseada em uma hipótese ou promessa infundada, nem na palavra de algum guru da autoajuda. Não! A confiança que devemos ter para superar nossos medos baseia-se no fato de termos sido criados por Deus para esse fim: o nosso crescimento na vida pessoal e espiritual/emocional.

> *Veja como Jesus, nosso modelo de ser humano, passou por essa experiência: "Jesus ia crescendo em sabedoria, estatura e graça diante de Deus e dos homens". (Lucas 2:52)*

Jesus obteve crescimento pessoal (sabedoria), intelectualmente e em experiências bem-sucedidas (já que o conceito judaico de sabedoria requer não somente a inteligência, mas a habilidade para lidar com situações complexas e delicadas, o que exige maturidade pessoal). Ele também crescia em graça, isto é, era reconhecido por suas habilidades e realizações, e isso acontecia "diante de Deus e dos homens".

Deus está comprometido a dar ao ser humano, homens e mulheres, condições para que se desenvolva plena e grandemente naquilo que é sua própria vocação. Sabemos que cada um de nós recebe de Deus uma vocação específica para produzir, desenvolver, obter uma remuneração e dar uma contribuição social. Sim, vivemos em sociedade, de modo que tudo aquilo que fazemos com os nossos dons e talentos naturais precisa somar ao crescimento, desenvolvimento e bem-estar das pessoas com as quais convivemos. E, por vezes, o alcance da nossa atividade ultrapassa muito nosso círculo mais próximo de amizades.

> *Porque ele faz raiar o seu sol sobre maus e bons e derrama chuva sobre justos e injustos. (Mateus 5:45)*

Nesse versículo, tirado do Sermão da Montanha, Jesus nos diz que, independentemente do mérito ou de merecimento, Deus envia os recursos necessários para que todas as pessoas, literalmente todas, boas e más, justas e injustas, possam realizar suas atividades pessoais.

Sol e chuva, nessa passagem, referem-se à base econômica daquela sociedade. Israel era uma sociedade de base agrícola e pecuária, que dependia inteiramente da regulação das estações do ano para que o trabalho feito no campo frutificasse e eles pudessem prosperar. Deus, então, faz com que o seu sol brilhe sobre todos e a sua chuva seja derramada sobre cada um, indistintamente. Acontece que muitas pessoas não se dão conta de que Jesus diz que maus e injustos também são alvos dessa graça de Deus, não somente os bons e os justos.

O que isso quer dizer? Entendo que Deus está, em sua abundante graça, fornecendo tudo aquilo de que precisamos para que as coisas da vida em sociedade funcionem minimamente bem. Claro que a participação do homem não está excluída, sendo esse homem bom ou mau, justo ou injusto. Cada um colhe o que semear. Mas, no que depender de Deus – e esse deve ser o foco aqui –, aquilo que é preciso, é fornecido.

Essas coisas eu enfatizei para que o leitor esteja consciente de que Deus não está interessado que tenhamos medo do fracasso, da rejeição, do desconhecido, de mudanças e do julgamento dos outros. Antes, ao entrar numa espécie de parceria conosco, dando-nos sol e chuva com abundância e indistintamente, Ele está afirmando que nos aceita como somos (bons e maus, justos e injustos) e que, mesmo assim, embora deseje nossa melhor versão enquanto pessoas e cidadãos, e a conversão de todos, caminhará conosco na construção de nossa imagem semelhante à de Jesus, à medida que mantivermos os nossos olhos fixos no autor da fé.

> *Tendo os olhos fitos em Jesus, autor e consumador da nossa fé. Ele, pela alegria que lhe fora proposta, suportou a cruz, desprezando a vergonha, e assentou-se à direita do trono de Deus. (Hebreus 12:2)*

Assentado à direita do trono de Deus, Jesus nos vê e intervém em nossa história. Ele nos capacita, nos prepara, nos concede dons e virtudes para que tenhamos êxito em nossas melhores realizações. Ele cria condições e coloca as pessoas certas em nosso caminho, fazendo de nós habitação de seu Espírito, uma riqueza incomparável a que o apóstolo Paulo se referiu como ter um tesouro em um recipiente tão frágil e de pouco valor, que somos nós em comparação com quem Ele é:

> *Mas temos esse tesouro em vasos de barro, para mostrar que este poder que a tudo excede provém de Deus, e não de nós. (2 Coríntios 4:7)*

Diante disso, vemos que, da parte de Deus, reunimos condições para enfrentar os medos. E mais, há condições dadas por Deus para que nem sequer tenhamos medos, uma vez que o plano declarado do Senhor é que tenhamos coragem para enfrentar obstáculos e superar sentimentos que podem ser obstruidores.

MEDO DO FRACASSO

Veja o clássico episódio em que Moisés havia morrido e o povo ficou trinta dias velando o corpo do seu ex-líder. Havia muita coisa a ser feita, um território imenso a ser conquistado e famílias e mais famílias a serem assentadas. Mas o Senhor sabia que, se deixasse aquelas pessoas prantearem a morte de Moisés, o medo tomaria conta de seus corações e nada do que era esperado, tanto por Deus quanto pelo povo, aconteceria. Era preciso fazer algo para romper aquele ciclo que se iniciava e ameaçava pôr tudo a perder. As condições já existiam, Deus já havia entregado ao povo e ao seu líder a direção a ser seguida e a atitude a ser tomada.

Mas lá estava o mesmo medo que tinha derrubado dez espias e feito com que a conquista fosse retardada por quarenta anos.

Depois da morte de Moisés, servo do Senhor, disse o Senhor a Josué, filho de Num, auxiliar de Moisés: "Meu servo Moisés está morto. Agora, pois, você e todo este povo, preparem-se para atravessar o rio Jordão e entrar na terra que eu estou para dar aos israelitas. Como prometi a Moisés, todo lugar onde puserem os pés eu darei a vocês.

[...]

Seja forte e corajoso, porque você conduzirá esse povo para herdar a terra que prometi sob juramento aos seus antepassados. Somente seja forte e muito corajoso! Tenha o cuidado de obedecer a toda a lei que o meu servo Moisés lhe ordenou; não se desvie dela, nem para a direita nem para a esquerda, para que você seja bem-sucedido por onde quer que andar.

Não deixe de falar as palavras deste Livro da Lei e de meditar nelas de dia e de noite, para que você cumpra fielmente tudo o que nele está escrito. Só então os seus caminhos prosperarão e você será bem-sucedido. Não fui eu que lhe ordenei? Seja forte e corajoso! Não se apavore, nem se desanime, pois o Senhor, o seu Deus, estará com você por onde você andar". (Josué 1:1-3, 6-9)

A ordem do Senhor é clara para Josué: "Agora, pois, você e todo este povo, *preparem-se para atravessar o rio Jordão e entrar na terra* que eu estou para dar aos israelitas. Como prometi a Moisés, todo lugar onde puserem os pés eu darei a vocês". Não importava que o grande líder e organizador da nova nação tinha morrido. Se toda a confiança do povo estava sobre Moisés, agora havia um novo nome, com traços de personalidade e características empreendedoras diferenciadas para o novo momento do povo: a conquista da terra. Se Moisés foi exímio gestor de ex-escravos, organizando uma multidão desorientada em uma nação sacerdotal, dando ao povo um avançado código de leis e procedimentos, agora era hora de uma liderança jovem, com um olhar militar e estratégico, de um homem que confiava nas promessas de Deus de que, mesmo com poucos recursos e nenhum treinamento, era possível penetrar em Canaã e ocupar a terra, pois o Senhor havia dito que esse era o seu plano!

Aqui estamos com um homem que poderia temer o fracasso e tinha grandes e boas razões para isso. Imagine que você seja o sucessor direto e natural de uma pessoa que por mais de quarenta anos liderou uma população de mais de três milhões de pessoas, mais gente do que todas as cidades brasileiras, incluindo as capitais, com exceção de São Paulo e Rio de Janeiro! Um erro diante dessa multidão seria vergonhoso (e o medo do que vão dizer anda junto com o medo do fracasso).

Numa situação como essa, qual será a sua postura? Procure transportar-se para o cenário de Josué, para o contexto em que ele se encontrava, para os desafios que se impunham diante dele. Mais de três milhões de pessoas, todos filhos de ex-escravos fugitivos, sem treinamento militar nem técnicas avançadas, quarenta anos de peregrinação isolada no deserto, uma terra para ser conquistada, diversas populações hostis para serem expulsas ou mortas porque eram idólatras. Por outro lado, a promessa de Deus de que aquilo daria certo e eles seriam vencedores.

> *Tenha o cuidado de obedecer a toda a lei que o meu servo Moisés lhe ordenou; não se desvie dela, nem para a direita nem para a esquerda, para que você seja bem-sucedido por onde quer que andar.*

A promessa encontrava na Lei os princípios para o sucesso de Josué. Daí a razão para o Senhor ordenar que ele meditasse nela dia e noite a fim de absorver o seu conteúdo e que sua mente ficasse imersa naquelas verdades. "Não deixe de falar as palavras deste Livro da Lei e de meditar nelas de dia e de noite, para que você cumpra fielmente tudo o que nele está escrito."

A receita bíblica para superar o medo do fracasso é mergulhar na promessa de Deus – aquilo que Ele de fato prometeu – e tomar plena consciência de quais são os meios pelos quais devemos agir, visando alcançar aquilo que está proposto, ainda que seja algo grandioso e para o qual possamos imaginar não ter competência ou capacidade. Esteja certo de que Deus jamais colocará uma pessoa diante de uma tarefa da qual ela não dará conta de realizar. Mesmo quando diferentes lutas se interpõem entre nós e nossos objetivos, o Senhor provê um meio de superarmos essas situações. É isso que Paulo nos ensina, e olhe que de lutas ele entendia muito bem!

> *Não sobreveio a vocês tentação que não fosse comum aos homens. E Deus é fiel; ele não permitirá que vocês sejam tentados além do que podem suportar. Mas, quando forem tentados, ele lhes providenciará um escape, para que o possam suportar. (1 Coríntios 10:13; ênfases acrescentadas)*

Quando comentei há pouco que devemos "mergulhar na promessa de Deus – naquilo que Ele de fato prometeu", tenho em mente que, em nossos dias, muitas pessoas se apoiam em promessas feitas por Deus para grupos dos quais elas não fazem parte. Embora a Bíblia seja um livro aberto a toda a humanidade, ela fala com três grupos distintos de pessoas: judeus (Israel), gentios salvos e perdidos. Deus fez promessas para esses três grupos, mas elas não são intercambiáveis. Há promessas que Deus fez a um grupo não podem ser apropriadas por outro.

Enquanto para Israel Deus fez determinadas promessas, especialmente territoriais e materiais, essas mesmas promessas não têm a menor relação com a experiência de vida dos cristãos, que são gentios convertidos pela fé em Jesus Cristo. Da mesma forma, há promessas feitas para a Igreja que não podem ser absorvidas pelo Israel remanescente. E, por fim, há uma promessa feita aos perdidos que não será cumprida para os cristãos salvos por Cristo – que é a separação eterna e definitiva de Deus na vida futura.

Quando alguém, como os cristãos salvos, pauta a sua vida nas promessas não feitas por Deus ao seu grupo, corre o risco de não vê-las cumpridas e ficará frustrado e zangado, em última instância, com o próprio Senhor. Além disso, certamente irá fracassar, porque Deus não terá compromisso com aquilo que não prometeu a alguém.

Mas, além do recurso fundamental que é a promessa de Deus, conforme é exposta em sua Palavra, há outro meio bastante eficiente para encorajar-nos diante dos desafios e do medo do fracasso. Refiro-me ao testemunho biográfico de pessoas "que chegaram lá".

É terapêutico e ricamente encorajador estudar a vida de pessoas que tiveram sucesso em suas realizações pessoais. Acontece que, muitas vezes, olhamos apenas dois pontos da trajetória dessas pessoas: de onde saíram e aonde chegaram. Nos esquecemos de estudar toda a sua trajetória. E é nela, muitas vezes, que se encontram as ricas lições que podemos aprender com o nosso semelhante, bem como com aqueles que trilharam o caminho no qual desejamos transitar hoje. Afinal, as lições que valem a pena ser aprendidas envolverão experiências reais, e não a "vida de Instagram", artificial e inalcançável.

Por isso, ao observar a vida de pessoas inspiradoras, esteja pronto e aberto para aprender com os erros. Todos nós cometemos erros, e eles servem para aperfeiçoar nossa trajetória de vida e melhorar nossas práticas, comportamentos e as decisões que teremos de tomar em breve. Admitir conscientemente que erramos e que devemos encarar mudanças é peça-chave do progresso e do crescimento pessoal.

A Bíblia está repleta de casos, histórias de homens e mulheres que caminharam com Deus e que se afastaram Dele, e seu texto revela rigorosamente o que aconteceu a eles. Ao analisar como se deu a experiência desses homens e mulheres, somos apresentados também aos seus medos mais arraigados, suas inseguranças, suas vacilações diante dos desafios e, obviamente, o medo de fracassar nas realizações grandiosas para as quais Deus os havia convocado.

E qual foi o remédio para isso? "Não deixe de falar as palavras deste Livro da Lei e de meditar nelas de dia e de noite, para que você cumpra fielmente tudo o que nele está escrito."

Quando conhecemos o que é certo, o que Deus espera ou planejou para nós, quando estamos próximos do seu coração, a ponto de termos desenvolvido uma convicção que não nos demova da posição em que devemos estar meditando (refletindo e pensando) e falando sobre isso; essa foi a orientação que Josué recebeu, de que meditasse nas promessas, ocupasse sua mente com elas, a fim de que somente isso dominasse sua mente e controlasse seus atos. Fazendo assim, o medo não encontra abrigo em nossas vidas, não se manifesta naquilo que fazemos e nós ficamos livres e com mais energia e confiança para avançarmos e sermos bem-sucedidos!

Quais são as promessas de Deus para você que precisam ocupar a sua mente no lugar do medo?

Ter apoio emocional e buscar orientação também pode ser útil. Tem pessoas que têm medo de falar dos seus medos.

MEDO DA REJEIÇÃO

Outro medo bastante comum, e que aumentou exponencialmente nos últimos anos devido à popularização das redes sociais, é o medo da rejeição. As pessoas não querem ser rejeitadas, têm medo de que isso aconteça com elas. Todos querem ser aceitos, reconhecidos, apontados como alguém dentro da normalidade em determinado grupo social e, se possível, alguém a quem imitar ou seguir.

Veja como cresceu a onda de *influencers*, uma figura que não existia até bem pouco tempo atrás; agora é praticamente uma profissão desejada por muitos. Pessoas que são muito orientadas pela aceitação social, especialmente nas redes digitais, acabam desenvolvendo certa dependência, algumas vezes doentia, dessa ferramenta. Se algo dá errado, uma postagem é mal compreendida ou foge do consenso, e elas perdem seguidores – ou pior, são *canceladas* –, bate o desespero, a frustração, a angústia, e aí se inicia a crise pessoal. A regra é sempre ser aceito, sempre ter mais seguidores.

É claro que o problema a que me refiro, o fenômeno recente da massificação das redes sociais e tudo o que ele trouxe para a experiência pessoal dos indivíduos, apenas potencializou algo que sempre existiu, uma condição humana relacionada ao medo que as pessoas têm, com ou sem redes sociais, de serem rejeitadas por seus pares, pelas pessoas com as quais convive ou espera conviver ou relacionar-se.

As redes sociais ampliaram e expuseram publicamente esse mal, chamando a atenção dos especialistas em saúde mental e emocional, e também dos profissionais de outras áreas.

Na maioria dos casos, o medo da rejeição está associado à baixa autoestima. Claro que esse não é o único motivo, nem mesmo o principal; mas fique atento a esse aspecto, pois a baixa autoestima pode ser trabalhada, e isso contribuirá fortemente com a eliminação do medo da rejeição.

Baixa autoestima é ter um conceito menor e menos realista do que verdadeiramente se é. A pessoa subestima sua personalidade, colocando-se abaixo das demais pessoas do grupo. Quando isso acontece, vários resultados negativos ocorrem a essa pessoa, desde não acreditar no próprio potencial para uma relação amorosa até se diminuir nos níveis de competitividade profissional. Nesses casos, cria-se um ciclo vicioso que levará a pessoa a menos ou nenhum desempenho, menos ou nenhuma conquista, menos ou nenhum prazer (no caso de uma relação amorosa), e a pessoa fará a leitura dessa situação como sendo a confirmação de que ela, realmente, não é bem aceita, por não ter as competências, os talentos e a atração irresistível de outras pessoas, a quem ela verá como felizes, melhores e bem-sucedidas.

Outro fator que precisa ser levado em conta ao lidar com o medo da rejeição é a experiência negativa do passado, muitas vezes na infância. Um trauma familiar em que a pessoa é rejeitada pelo seu responsável (como pai e mãe), uma rejeição amorosa ou abandono por alguém que se desejava muito, uma experiência de bullying na escola, uma crítica de um professor ou um parente próximo, todos esses casos podem desencadear uma crise que levará ao medo da rejeição e ao desenvolvimento de outras crenças limitantes.

Segundo Tony Robbins, escritor que há mais de trinta anos lida com essas questões humanas, nós temos seis necessidades básicas, que são: necessidade de certeza e conforto, incerteza e variedade, significado ou importância, amor ou conexão, contribuição e crescimento. O medo da rejeição é a carência da necessidade de certeza, que acontece quando não se está seguro acerca do próprio valor e falta convicção de que se tem potencial para desenvolvimento, conquistas e realizações mais significativas. Assim, ao se deparar com a possibilidade da incerteza sobre a aprovação social (mas também o fracasso e as mudanças), as pessoas tendem a evitar o contato público e tudo aquilo que possa ser visto como ameaça ao seu sentimento de bem-estar e segurança. Como é natural do ser humano evitar a dor, o isolamento social é o que geralmente acontece a pessoas com medo de rejeição, e, em uma sociedade de redes, conexões e network, quem não é visto, não é lembrado: eis um problema adicional que esse medo provoca.

No Antigo Testamento temos um caso que se aproxima bastante dessa situação. Elias, um dos primeiros profetas em

Israel, sofreu uma espécie de depressão quando se viu no centro de um cenário em que ele não era bem-visto nem bem-vindo.

> *Ora, Acabe contou a Jezabel tudo o que Elias tinha feito e como havia matado todos aqueles profetas à espada. Por isso Jezabel mandou um mensageiro a Elias para dizer-lhe: "Que os deuses me castiguem com todo o rigor, caso amanhã nesta hora eu não faça com a sua vida o que você fez com a deles". Elias teve medo e fugiu para salvar a vida. Em Berseba de Judá ele deixou o seu servo e entrou no deserto, caminhando um dia. Chegou a um pé de giesta, sentou-se debaixo dele e orou, pedindo a morte. [...] Fortalecido com aquela comida, viajou quarenta dias e quarenta noites, até que chegou a Horebe, o monte de Deus. Ali entrou numa caverna e passou a noite. (1 Reis 19:1-4, 8-9)*

Naquele sistema idólatra implementado pelo rei Acabe e sua esposa Jezabel, Elias não tinha espaço para aceitação. Ele foi rechaçado, rejeitado e recebeu ameaça de perseguição. Por isso, a solução que encontrou foi fugir, isolar-se bem longe do sistema, da "rede" em que todos os outros profetas estavam e conviviam. Elias partiu para Horebe, um monte que fica ao sul do Sinai, uma península no atual Egito. Ele caminhou durante quarenta dias até chegar àquele lugar, onde entrou em uma caverna, procurando isolar-se, uma vez que entendeu que não era uma pessoa adequada para viver na sociedade de Israel de seus dias.

Elias pediu a morte, sintoma de uma possível depressão profunda.

As consequências do medo da rejeição são danosas, podendo causar o desespero da própria vida em casos mais drásticos, como foi no de Elias. Mas é comum que pessoas com medo da rejeição não consigam sustentar um convívio social razoável, o que pode eliminar as chances de obtenção de boas oportunidades profissionais e também amorosas. Deixar o medo da rejeição ser o seu conselheiro é a pior decisão que uma pessoa pode tomar.

O medo da rejeição pode ser superado quando se tem uma visão realista da verdadeira situação. Aliás, ser realista é uma chave poderosa para superar todos os diferentes tipos de medo.

Aqui estão algumas dicas simples para superar o medo da rejeição. Identifique as causas mais remotas, como rejeição na infância por parte de pessoas por quem se nutria apreço ou que ocupavam lugar de relativa importância em sua vida. Essas crenças que limitam as pessoas precisam ser deixadas em seu devido contexto (mesmo que sejam do presente), superadas e substituídas por pensamentos alinhados ao seu novo momento.

Não se deixe convencer pelo que já não é realidade em sua vida. Viva o presente voltado para o futuro, pois o passado não tem poder para voltar a assombrar. A história de sua vida está adiante, e usar as experiências que você teve, mesmo as negativas, para construir um futuro melhor e mais forte é uma tarefa que exigirá a sua dedicação, e por isso é possível. O Senhor está empenhado nisso, como já vimos.

Aceitar que a rejeição faz parte do processo de crescimento e não deixar que o medo de ser rejeitado impeça de buscar oportunidades é o pensamento e a realidade que predominam em muitas histórias de sucesso de grandes homens e mulheres do passado e do presente.

Elabore positivamente as experiências que teve, extraindo delas o lado bom e frutífero. Procure meditar nessa nova maneira de ver as coisas.

> *Os olhos são a candeia do corpo. Se os seus olhos forem bons, todo o seu corpo será cheio de luz. (Mateus 6:22)*

> *Finalmente, irmãos, tudo o que for verdadeiro, tudo o que for nobre, tudo o que for correto, tudo o que for puro, tudo o que for amável, tudo o que for de boa fama, se houver algo de excelente ou digno de louvor, pensem nessas coisas. (Filipenses 4:8)*

Quando você passa a refletir sobre o lado bom de suas experiências, mesmo as negativas, você tira o foco daquilo que deve ser abandonado e que consome suas energias indevidamente, e passa a concentrar-se nas forças que o ajudarão a superar o medo da rejeição, bem como os outros medos.

Ocupar-se ou ocupar-se previamente (que é o mesmo que preocupar-se) ou o tempo todo com coisas que já não exercem domínio sobre nós não é uma atitude inteligente nem esperada da parte de quem deseja viver dias melhores. A esse respeito, uma pesquisa feita na *Pennsylvania State University*, nos Estados Unidos, sobre as preocupações diárias de pessoas comuns revelou que 91,4% das preocupações foram à toa. Em 9% dos casos em que a preocupação se tornou realidade, ela foi solucionada da melhor maneira que o esperado em um terço dos casos. Por fim, em 25% dos casos, nenhuma preocupação aconteceu de fato. Portanto, uma boa dose de realismo facilitará o seu trabalho e tornará a sua vida mais leve. Não permita que a sua vida perca a leveza e a beleza própria e se torne um peso para você.

Esse foi o caso de Elias. Ele se preocupou ao imaginar que era o único profeta ou israelita fiel, que não se juntou ao grupo idólatra que era protegido pelo rei Acabe. Mas o Senhor foi se encontrar com ele na caverna, e disse que não era bem assim, como Elias imaginava. Elias não era o único: "Fiz sobrar sete mil em Israel, todos aqueles cujos joelhos não se inclinaram diante de Baal e todos aqueles cujas bocas não o beijaram". Então Elias saiu de lá e encontrou [o profeta] Eliseu (1 Reis 19:18-19).

MEDO DA MUDANÇA

Estar disposto a sair da zona de conforto e abraçar a mudança, mesmo que seja desconfortável no início, é o modo relativamente comum para que mudanças significativas na vida pessoal e social aconteçam. No entanto, ainda que esse quadro seja necessário para um crescimento, ou seja, se para haver crescimentos e avanços em nossas vidas e evolução em áreas como a tecnológica é preciso suportar os desconfortos que as mudanças provocam, há pessoas que sentem medo do tal desconhecido.

A acomodação é a maior inimiga da inovação. Toda sociedade cresce e evolui quando realiza inovações, quando cria produtos, métodos e tem ideias novas que a colocam adiante, um passo à frente das demais sociedades. Veja a agitação global toda vez que Tim Cook, CEO da Apple, anuncia que apresentará algum novo produto, um novo modelo de iPhone ou coisa do tipo. Suas apresentações sempre são marcadas por inovações que, por sua vez, alteram a rotina das pessoas, facilitando, abrindo novos horizontes, possibilitando que possamos, também, mudar nossas vidas, hábitos e costumes.

Como seria a nossa vida sem os smartphones, sem o WhatsApp, sem as redes sociais para divulgar nossas ideias, nossas agendas, nossos ideais ou crenças? Antes desses produtos, tudo era mais caro, demorado e com pouca qualidade e eficiência.

Mas, quando o assunto é mudança pessoal, algo que irá afetar diretamente uma pessoa específica, essa pessoa pode sentir medo, já que não seguirá o curso que outros estão tomando. Em muitas situações, nós somos empurrados para mudanças que dizem respeito a nós mesmos: um compromisso de casamento, a mudança de cidade para um novo emprego, um posto na empresa que está ampliando suas atividades, a possibilidade de um novo curso de graduação para especializar-se numa determinada área. Há uma lista enorme de coisas que podemos apontar como causas de transtorno na vida de pessoas que têm medo de mudanças, e é possível que você tenha a sua lista pessoal desses medos.

Já nos dias de Jesus, Abraão era reconhecidamente uma pessoa notável e respeitável na comunidade de Israel. Cristãos também veem Abraão como um dos principais personagens da história bíblica e o reconhecem como o "pai da fé", porque é assim que a Bíblia o apresenta. Abraão foi desafiado por Deus a demonstrar sua confiança em uma promessa e foi submetido a uma pressão absurda quando ouviu que deveria sacrificar seu filho, aquele por meio de quem as mesmas promessas deveriam se cumprir. Ele não vacilou, embora interiormente devesse ter sentido o peso por ter sido escolhido por Deus para aquele projeto de tornar seus descendentes uma geração de pessoas com uma missão: tornar-se o povo escolhido, desde que igualmente tivessem fé.

Mas o ponto a se destacar é outro. Abraão também encarou uma mudança, e, das experiências de mudança que eu já ouvi falar, talvez ela seja a mais radical de todas!

Então o Senhor disse a Abraão: "Saia da sua terra, do meio dos seus parentes e da casa de seu pai, e vá para a terra que eu lhe mostrarei" (Gênesis 12:1).

Observe o nível de desapego – para não falar na necessidade de mudança radical – a que Abraão foi submetido. O Senhor disse a ele que deixasse para traz a região onde vivia (terra), a sua rede de proteção social (parentes) e o núcleo familiar mais próximo (casa de seus pais). Isso é que é mudança!

Se Abraão ficasse preso ou inibido pelo medo da mudança, não haveria judeus no mundo nem a Igreja, pois ambos os grupos foram formados a partir da crença ou fé nas promessas de Deus feitas a Abraão. No caso dele, sair da terra era algo ainda mais dramático, pois o Senhor não disse a Abraão sequer a direção para onde deveria partir, apenas disse: "vá para a terra que eu lhe mostrarei". Mostrar a direção dependeria do impulso inicial daquele homem. Ou seja, para ter ideia do que aconteceria e para onde iria, Abraão deveria, mais uma vez, confiar que Deus o dirigiria depois que ele abrisse mão da segurança, do conforto e de tudo o mais que desfrutava em sua terra, entre amigos e familiares.

Mas foi isso que ele fez. Saiu, confiou na condução do Senhor e peregrinou por toda a sua vida, tornando-se um homem mundialmente conhecido por sua atitude de fé nas mudanças inovadoras que o Senhor queria promover em sua vida e através dela.

Nós podemos aprender com a vida de Abraão e das demais pessoas que se propõem a aceitar mudanças, que elas são, primeiramente, algo absolutamente natural. Mudanças são o que mais acontece em nossa vida. Mudamos o tempo todo, ainda que não nos demos conta disso. Você não é a mesma pessoa de um ano atrás, nem mesmo a pessoa da semana passada, de modo que mudança é o que acontece o tempo todo a quem vive! Se você está vivo, está em constante mudança, mesmo que não se dê conta disso. Então, por que não admitir que essa é uma condição da sua natureza humana e que ela só pode variar em intensidade e em proporção, mas que as coisas se ajeitarão para que a vida siga sendo o que ela é: uma sequência interminável de mudanças.

Mudanças são necessárias para toda e qualquer melhoria em nossas vidas, portanto, saiba vê-las como ocorrências positivas, ainda que algo possa causar desconforto. No final, aquilo que pode parecer pesado, também produzirá resultados em sua experiência e você será fortalecido por isso. Não pense que poderá ter o controle de tudo o que acontece com você ou com os seus, porque isso não é possível a você nem a qualquer outra pessoa no planeta.

Quanto às dúvidas sobre as consequências da mudança, a possibilidade de as coisas darem certo ou não, a questão da troca do certo pelo duvidoso, entre outras, tenha em mente que tudo no mundo se ajeita com o tempo. Mesmo os erros que possamos cometer, há como serem corrigidos. Nada é definitivo, porque a vida, como disse, é uma experiência de mudanças constantes, o tempo todo, em todas as direções. Engana-se quem pensa que consegue manter tudo como sempre foi e controlar pessoas, processos e situações.

Assim, esteja sempre aberto às novas possibilidades de mudança em sua vida, porque até mesmo o Senhor está promovendo mudanças em nosso mundo, em nossas vidas e em nossa história pessoal.

> *Era a terra sem forma e vazia; trevas cobriam a face do abismo, e o Espírito de Deus se movia sobre a face das águas. Disse Deus: "Haja luz", e houve luz. (Gênesis 1:2-3)*

O nosso Deus é aquele que vê o caos e transforma em cosmos, vê a desordem e coloca ordem em tudo.

MEDO DO DESCONHECIDO

Ser capaz de enfrentar o desconhecido com coragem e determinação, sabendo que cada desafio traz oportunidades de crescimento, é uma descoberta libertadora. Todos gostamos de certeza e segurança, e a incerteza sobre o que não conhecemos provoca ansiedade e medo de não poder controlar aquilo que não está em nosso repertório de experiências. Lidar bem com o desconhecido, portanto, é libertador, uma experiência que dá a sensação de amadurecimento, de personalidade firme, construída sobre uma base confiável, a ponto de nos manter firmes mesmo... diante do desconhecido!

Para as pessoas que não lidam bem com aquilo que desconhecem, a ansiedade, a alteração nos batimentos cardíacos, os tremores e temores, as dores de cabeça e angústia são sensações constantes, que surgem toda vez que estão diante de uma situação nova, que lhes parecerá ameaçadora, causadora de desconforto, que se mostrará como algo que as exporá negativamente, ao ridículo, mesmo que esse não seja o caso da nova situação.

O medo do desconhecido é a base de outros medos, como o medo da mudança (O que a mudança trará?) ou o medo do fracasso (O que irão pensar de mim? Como viverei se fracassar?). Daí a importância de se compreender as causas desse medo e os meios para superá-lo. Mas, por outro lado, o medo do desconhecido tem sido apontado como necessário para a sobrevivência humana. Na verdade, tomado de maneira saudável, todo medo pode ser útil quando estamos numa situação verdadeiramente ameaçadora. Se não tivéssemos medos naturais, correríamos o risco de pular de um prédio, enfrentaríamos um animal selvagem, não obedeceríamos a normas de segurança e seríamos expostos a diversos fatores que nos colocariam sob risco constante.

O medo do desconhecido dispara reações que vão da mudança na atividade cerebral, passando por aceleração cardíaca e inibição da criatividade, ao aproveitamento de oportunidades nas mais diferentes situações e ambientes. E ele pode ter origem em situações surgidas na infância ou adolescência, como uma educação limitadora ou traumas, e também raízes genéticas. Além disso, está associado a situações de luto e pode agravar quadros de depressão.

Enfim, é um medo que tem reversão e podemos superá-lo, tendo a possibilidade de vivermos uma vida saudável, mesmo não dominando todas as situações em nossa vida. Aliás, a ocorrência de situações nas quais não temos total conhecimento ou mesmo nenhum conhecimento é comum a todas as pessoas.

A *American Psychological Association* dá algumas dicas para quem precisa lidar com o medo do desconhecido. Dentre elas, tentar se livrar da preocupação com coisas que não estão sob seu controle; nem tudo é motivo para ocupar sua mente e seus esforços, e a quase totalidade das nossas preocupações não irão se realizar.

Procure aprender uma nova habilidade periodicamente, pois isso aumentará sua confiança própria e diminuirá o medo do desconhecido.

Evite ter contato com notícias sobre tragédias e crimes, o noticiário sensacionalista, especialmente antes de dormir.

Reflita sobre um acontecimento que o estressou e que você conseguiu superar: tente identificar os meios que utilizou para superar aquela situação e que lições pode tirar disso.

Concentre-se nas coisas que você pode controlar e trabalhe a conscientização de que sempre haverá algo sobre o qual você não terá todo o controle e conhecimento.

Além disso, procurar a ajuda de um terapeuta ou psicólogo é indicado, como o apoio de amigos e familiares.

Essas dicas são bastante úteis em certos casos em que é preciso maior cuidado. Há pessoas que, ao subirem na carreira profissional, por exemplo, precisam, com maior frequência, falar em público, pois isso se torna um diferencial ou até uma exigência do novo cargo. Não dá para desperdiçar uma oportunidade rica na carreira profissional pelo medo de não saber como será falar em público. Na verdade, uma dica nesses casos é assumir confiantemente que, se você foi escolhido ou convidado a falar em público, é porque a sua competência ou habilidade o levaram até aquele ponto e há pessoas interessadas naquilo que você pode compartilhar. Do contrário, os organizadores do evento ou palestra teriam vetado o seu nome. Fica aí uma dica que pode ajudar pessoas nessas situações, sabendo que muita gente, de fato, tem medo de falar em público.

Para finalizar a abordagem do medo do desconhecido, quero enfatizar a necessidade de buscar a orientação do Senhor para casos em que não dominamos todas as informações, nem mesmo os meios de lidar com elas. Tome, por exemplo, a experiência muito particular de Pedro. Ele, sendo homem, não um peixe, esteve por um instante completamente imerso no ambiente aquático, ainda que não debaixo da água.

Você deve conhecer a história. Os discípulos de Jesus atravessaram o Mar da Galileia, que, na verdade, é um imenso lago, em meio a uma intensa tempestade, quando Jesus apareceu caminhando sobre as águas. Foi uma cena tão surreal, que eles pensaram ser um fantasma. Quando gritaram assustados, Jesus se identificou e Pedro, querendo conferir se era mesmo o Mestre, sugeriu que fosse convidado a ir até ele. Decerto Pedro não pensou nas consequências daquilo que disse, já que era um homem impulsivo. Mas Jesus levou a sério as palavras daquele homem e "aceitou o desafio".

> *"Senhor", disse Pedro, "se és tu, manda-me ir ao teu encontro por sobre as águas". "Venha", respondeu ele. Então Pedro saiu do barco, andou sobre a água e foi na direção de Jesus.* (Mateus 14:28-29)

Embora inicialmente Pedro tivesse superado o medo do "tal fantasma", e – mais surpreendente ainda – tivesse começado a caminhar sobre as águas, ele diminuiu a concentração naquilo, tirou os olhos de Jesus e o resultado foi o esperado: começou a afundar.

Mas, quando reparou no vento, ficou com medo e, começando a afundar, gritou: "Senhor, salva-me!" (Mateus 14:30).

Pedro não sabia lidar com aquela situação que lhe era desconhecida. Estava a ponto de submergir e seria bastante castigado, porque a tempestade era forte. Quem sabe ele não soubesse nadar, apenas porque vivia num barco pescando não significa dizer que fosse um bom nadador. Vemos que, ao começar a afundar, ele gritou por socorro e salvação de Jesus, e foi atendido, porque "Imediatamente Jesus estendeu a mão" (Mateus 14:31).

Para pessoas que professam fé em Jesus, ter a oportunidade de demonstrar confiança Nele é, seguramente, o melhor meio de superar os medos. Pessoas que confiam em Jesus têm uma jornada de vida em intimidade com o Mestre. Essas pessoas costumam levar seus planos e projetos em oração até a Sua santa presença. É bastante natural que uma pessoa de fé procure alinhar suas expectativas de carreira, de construção de família e de vida pessoal e social a partir dessa relação espiritual com Jesus, de modo que a construção de suas vidas seja uma constante, um passo a passo em que os medos são substituídos por confiança (lembrando que a palavra confiança está ligada a colocar confiança em alguém ou algo, esperar).

Os que confiam no Senhor têm firmeza. "Os que confiam no Senhor são como o monte Sião, que não se pode abalar, mas permanece para sempre" (Salmo 125:1).

Medos não abalam pessoas que são como montes! Se você ainda precisa superar o medo do desconhecido, não precisa desconsiderar as dicas que foram dadas até aqui, mas pode encontrar uma fonte de segurança confiável no Senhor, na sua Palavra e em suas promessas.

MEDO DE ASSUMIR RISCOS

O filósofo grego Platão foi quem elaborou a ética como uma questão social mais ampla, uma forma de saúde coletiva, não apenas individualizada, em que as pessoas deveriam compreender bem o seu papel dentro do todo. Qualquer grupo social organizado reúne pessoas que deverão tomar decisões, dar a orientação para as demais pessoas e assumir riscos. Outras, embora tenham suas responsabilidades e papéis, não estarão debaixo dessa diretriz.

Conforme comentamos no item anterior, sobre o medo do desconhecido, em que se espera que tenhamos alguma intimidade com Deus para termos segurança para enfrentar aquilo que não sabemos como será, no caso do medo de assumir riscos, o indivíduo está transitando um caminho semelhante. Em muitas situações nas quais precisamos tomar decisões ou assumir riscos, sejam pessoais ou em função de um grupo, não sabemos quais serão os resultados desses riscos. Podemos trabalhar para minimizá-los, mas o próprio nome já diz: riscos.

Por exemplo, um parente adoece e temos que decidir entre aprovar uma cirurgia que envolve riscos ou deixar como está, podendo levar à morte; ou então uma oportunidade nova de emprego para uma atividade pouco conhecida ou um campo que ainda está se desenvolvendo seria uma alternativa para evitar a demissão; ou, ainda, um investimento que exija o emprego de todos os recursos guardados para o futuro é um risco, especialmente em um país com certas instabilidades

na área econômica, como o Brasil.

São várias situações relativamente comuns na experiência humana que envolvem riscos e exigem de nós uma avaliação rápida, porém ampla, sobre as diversas variáveis que envolvem essa mesma decisão. Há casos em que, se deixarmos tudo como está, as coisas irão claramente piorar e comprometer outras áreas. E o que é preciso fazer? Correr os riscos inerentes.

Mas também há casos em que não estamos encurralados na tomada de decisões. Simplesmente é preciso reconhecer que o sucesso, o êxito em certas áreas da vida, muitas vezes requer assumir riscos calculados e estar disposto a enfrentar uma dose de incerteza. São os casos em que o cenário está estável, sem grandes ameaças, mas bate aquela sensação de que é possível e preciso fazer algo, inovar, avançar, plantar mais para que haja crescimento sustentável. E é aí que surge aquela questão do risco. Nós corremos o risco ou deixamos tudo como está, arriscando deixar "passar o bonde da história"? Sim, porque não se mexer, não se empenhar, também traz embutida uma dose de risco.

Há casos clássicos no mundo corporativo de empresas que se acomodaram em suas situações confortáveis, não investiram, não arriscaram, e hoje simplesmente desapareceram do mercado em que elas eram líderes absolutas. É o caso da Xerox e da Kodak, apenas para citar dois exemplos.

Imagine se os inventores e as pessoas que promovem inovações vão no sentido contrário ao senso comum. Pessoas que fizeram ou colaboraram para as revoluções industrial, eletrônica, digital e a revolução de dados insistiram em suas ideias, mesmo quando todos diziam estar malucos. Não teríamos indústrias, automóveis, máquinas (nem mesmo as domésticas), aparelho telefônico e, depois, os celulares, internet, redes sociais, e tantas outras coisas sem as quais não sabemos viver.

Olhe ao seu redor e veja tudo o que não é natural, isto é, cada item, objeto, serviço, peça de uso pessoal etc., todas essas coisas foram fruto da criatividade de alguém, aliada a uma boa dose de motivação e coragem para assumir riscos. Agora, imagine se as pessoas responsáveis pelo lançamento desses produtos ou serviços dessem ouvidos e se deixassem amedrontar pela ameaça de que os riscos seriam maiores do que o êxito, o sucesso que elas alcançariam, além dos benefícios e bem-estar para as pessoas que fazem uso daquilo que elas correram riscos para tornar realidade.

Que bom que não se amedrontaram diante do risco envolvido!

As situações que geralmente nos colocam diante de um risco possível de ser enfrentado são o início de um novo negócio. Isso pode ser intimidante à primeira vista e envolve o medo do fracasso, do qual falamos, o medo da incerteza e pode demover a pessoa da ideia que poderá ser um grande sucesso. Quantos empreendimentos vencedores não deixaram de ser iniciados porque alguém teve medo de investir e dar o primeiro passo? No entanto, sem assumir riscos nessa área, não há como esperar a tão sonhada liberdade financeira, as realizações pessoais e um senso de propósito cumprido.

Como mencionei no caso do medo do desconhecido, falar em público pode parecer um risco a ser evitado, mas, ao correr esse risco, a pessoa pode estar dando um importante passo em sua carreira, bem como aumentando a confiança em si e melhorando suas habilidades pessoais e de comunicação. Esses fatores são somados para dar a uma pessoa, em nossos dias, um diferencial competitivo extraordinário.

Viajar sozinho, dar a volta ao mundo, pode parecer uma experiência assustadora para alguns, mas, por outro lado, pode se tornar a porta para algo muito maior, que, se fosse inibido pelo medo de correr riscos, jamais poderia ser experimentado. Há um empresário em São Paulo, ex-estagiário das Casas Bahia em São Caetano do Sul, onde fica a matriz da empresa, que saiu de férias com uma mochila nas costas e foi dar a volta ao mundo. Num dos países que visitou, ele conta ter bebido um café delicioso. Depois de perguntar que café era aquele, ouviu que era café brasileiro. Ele não sabia que o Brasil exporta o melhor da nossa safra de café e fica com a parte que não é tão boa assim.

De volta ao país, decidiu criar uma marca própria de cafés especiais. Ele começou empreendendo por meio de franquias e, hoje, a sua marca que é franqueada. Trabalham com ele 450 pessoas direta ou indiretamente, ele tem mais de sessenta lojas vendendo café e fatura mais de R$ 42 milhões mensalmente. Repetindo: ele era estagiário.

Mudar de carreira pode ser uma perspectiva assustadora, mas também pode levar a uma maior satisfação no trabalho e recompensas financeiras.

Muitos de nós temos problemas ou medos pessoais que preferiríamos evitar, mas enfrentá-los pode levar a uma maior autoconsciência e crescimento pessoal.

Para concluir, quero lembrar a experiência de Davi, que foi rei de Israel. Em Davi nós vemos como Deus usa as nossas experiências ao longo dos anos, a fim de nos moldar, antes de nos colocar diante de um desafio maior, que irá mudar o curso da nossa história e da história de outras pessoas.

Lemos em 1 Samuel 17 a história de quando um soldado gigante, o tal Golias, desafiou os soldados de Saul para uma luta corporal entre ele e um representante de Israel. Os homens de Saul sentiram-se terrivelmente amedrontados, porque Golias media mais de 3 metros de altura. Suas medidas e as peças de seu uniforme e armamentos eram brutais. Então veio Davi, um pastor de rebanhos, sem o menor treinamento militar, fazer um favor para seu pai: levar grãos tostados e pães para seus irmãos, que eram do exército amedrontado de Saul.

Quando Davi ouviu as ameaças feitas pelo inimigo, e não vendo ninguém tomar uma decisão para calar a boca daquele homem abusado, ele quis saber qual seria a recompensa pela derrota do gigante.

> *Davi perguntou aos soldados que estavam ali ao seu lado: "O que receberá o homem que matar esse filisteu e salvar a honra de Israel? Quem é esse filisteu incircunciso para desafiar os exércitos do Deus vivo?" (1 Samuel 17:26)*

A recompensa era generosa: o rei daria muitas riquezas, daria a sua filha em casamento e a família do vencedor nunca mais teria que pagar nenhum imposto! Havia um risco, mas havia também uma recompensa. Todo risco envolve uma recompensa proporcional, e ela, em geral, é passível de ser conquistada. Mas é preciso correr os riscos, que muitas vezes podem ser calculados.

Davi não era um soldado habilidoso, mas nem por isso ele deixava de ter seus dotes pessoais. Ele já tinha vencido uma luta corporal com um leão e com um urso quando precisou proteger o rebanho de sua família. Embora não tivesse o manejo das armas costumeiramente utilizadas em combates militares, e sequer uma armadura ele tivesse para vestir, Davi lançou mão de uma funda, algo como um estilingue, que era o que estava habituado a usar no campo com seus rebanhos. Ele escolheu pedras adequadas, encarou o gigante risco de ser morto, mas, no primeiro arremesso, acertou aquele soldado destemido.

> *Retirando uma pedra de seu alforje ele a arremessou com a atiradeira e atingiu o filisteu na testa, de tal modo que ela ficou encravada, e ele caiu com o rosto no chão. Assim Davi venceu o filisteu com uma atiradeira e uma pedra; sem espada na mão ele derrubou o filisteu e o matou. (1 Samuel 17:49-50)*

Enfrentar nossos medos pode ser desafiador no primeiro momento, pode parecer impossível em algumas situações, mas é essencial saber que, para cada um de nossos medos, para alcançarmos o sucesso pessoal e profissional, temos que correr riscos, que em muitos casos são perfeitamente possíveis de serem superados.

Tome esses exemplos dados, as dicas sugeridas e reavalie a sua situação em que há medo de fracassar, medo da rejeição, medo do desconhecido e medo de assumir riscos. Faça como as pessoas que os superaram, vencendo os medos com as ferramentas de que dispunham, com os recursos a que estavam habituados e com a confiança de que Deus não o deixará sem o seu amparo, sem a sua direção e, especialmente, sem o seu livramento. Termino este trecho do livro com um princípio fundamental para essa situação:

> *Não vos sobreveio tentação que não fosse humana; mas Deus é fiel e não permitirá que sejais tentados além das vossas forças; pelo contrário, juntamente com a tentação, vos proverá livramento, de sorte que a possais suportar. (1 Coríntios 10:13)*

ETERNOS DESAFIOS A UMA NOVA GERAÇÃO

CAPÍTULO 1

MEDO: INIMIGO ONIPRESENTE?

Não sei por que tenho medo; o que sei é que, como que enlouquecido, tenho medo de tudo.

OVÍDIO. POETA ROMANO. (43 A.C.-18 D.C.)

Dou graças a Deus, a quem, desde os meus antepassados, sirvo com consciência pura, porque, sem cessar, me lembro de ti nas minhas orações, noite e dia.

Lembrado das tuas lágrimas, estou ansioso por ver-te, para que eu transborde de alegria pela recordação que guardo de tua fé sem fingimento, a mesma que, primeiramente, habitou em tua avó Lóide e em tua mãe Eunice, e estou certo de que também, em ti.

Por esta razão, pois, te admoesto que reavives o dom de Deus que há em ti pela imposição das minhas mãos. Porque Deus não nos tem dado espírito de covardia, mas de poder, de amor e de moderação. (2 Timóteo 1:3-7)

Timóteo, discípulo de Paulo, agora está pastoreando em Éfeso, a maior cidade grega daquela época. O desenvolvimento histórico daquela metrópole a tornara um verdadeiro caldeirão de conflitos religiosos, econômicos e políticos nos seus 1.100 anos de existência. Era uma província grega, mas situada fora da Europa, na Ásia Menor, no que hoje conhecemos como Turquia, na costa mediterrânea, ao sul.

O Império Romano era, então, o poder dominante na região. Por séculos, pela sua localização costeira, ela é assediada por invasões de povos vizinhos e bárbaros distantes, sendo então a segunda maior cidade do Império, menor apenas do que Roma. Por isso podemos entender que lá havia um ambiente um tanto hostil ao evangelho.

O vento não era favorável para a entrada de mais uma "influência religiosa" – apesar da pluralidade dos deuses em convívio com a mitologia greco-romana e a predisposição ao misticismo da imensa mistura de religiões provenientes de um grande número de culturas disputando seu espaço naquele centro de poder.

O próprio apóstolo Paulo disse que teve de enfrentar bestas-feras, isto é, pessoas cruéis, não só no âmbito espiritual, mas também físico, de gente perseguindo os cristãos.

Se, como homem, lutei em Éfeso com feras, que me aproveita isso?
(1 Coríntios 15:32)

No versículo citado, Paulo fazia uma comparação aos homens lançados no Coliseu romano para lutar contra animais ferozes (*theriomacheo*), uma luta selvagem, o que obrigava tais homens a se igualarem em selvageria para sobreviverem.

> *Livra-me, Senhor, do homem perverso, guarda-me do homem violento, cujo coração maquina iniquidades e vive forjando contendas. (Salmo 140:1-2)*

Há lutas que são espirituais, mas há lutas que são carnais. Existe a ação do maligno, mas existe também a ação de gente ruim. Como afirma o salmista, da mesma forma Paulo afirma:

> *Ele vos deu vida, estando vós mortos nos vossos delitos e pecados, nos quais andastes outrora, segundo o curso deste mundo, segundo o príncipe da potestade do ar, do espírito que agora atua nos filhos da desobediência; entre os quais também todos nós andamos outrora, segundo as inclinações da nossa carne, fazendo a vontade da carne e dos pensamentos; e éramos, por natureza, filhos da ira, como também os demais. (Efésios 2:1-3)*

E a verdade é que existem pessoas ruins, que parece que até ganham do diabo. Tem gente que é tão ruim que o diabo fica de olho nela, dizendo: *Se esse cara ficar famoso, eu perco o meu posto.*

UMA IGREJA PERSEGUIDA

A perseguição à igreja era latente e visível. E isso parece ter gerado no coração de Timóteo alguns sentimentos, dentre eles o mais perigoso de todos para o avanço na vida de qualquer pessoa: o medo.

Paulo, agora, tem uma palavra de encorajamento para Timóteo: Te admoesto que reavives o dom de Deus que há em ti pela imposição das minhas mãos. Ele está dizendo: Você foi separado para algo; Deus o selecionou. Você é ungido, você foi escolhido para um propósito especial.

A palavra que Paulo usa é admoestação, repreensão, correção. Por que Timóteo permitiu que, de alguma forma, um espírito, e é assim que a Bíblia o chama, começasse a dominar e a assumir as rédeas da sua vida? Quando esse espírito assume as rédeas da vida de qualquer pessoa, o potencial que ela tem em Deus fica comprometido.

Há pessoas que foram chamadas para coisas grandes, separadas desde o ventre de sua mãe para um chamado específico, talentosas, com sonhos que Deus depositou no seu coração, mas, em algum momento, esse espírito a que o apóstolo Paulo se refere encontra guarida, encontra um lugar, aonde ele não apenas chega, mas é abraçado.

Que espírito é esse? O versículo de número 7 fala com precisão sobre que tipo de espírito é esse: o espírito de medo. A Bíblia diz que *Deus não nos tem dado espírito de covardia.*

No original grego, a palavra é derivada de *deilos*, que significa timidez, covardia.

Algumas versões são um pouco mais fiéis à originalidade do texto, afirmando que a palavra mais fiel àquilo que Paulo estava tratando é medo. Tanto é que algumas versões da Bíblia em português trazem essa afirmação como Paulo se referindo ao *espírito de medo*.

DOMINADO PELO MEDO?

Paulo exorta Timóteo como um pai amoroso, que diz: *Você foi chamado. A imposição de mãos foi realizada sobre a sua vida.* Se você olhar para os versículos anteriores, principalmente o de número 5, Paulo está afirmando que a fé gerada em Timóteo era uma fé saudável, a ponto de dizer que ele guardava recordação da sua fé sem fingimento, *na qual eu vi também primeiramente da sua vó Lóide e na tua mãe Eunice, e eu estou certo de que também em ti.*

Você pode ser alguém cheio de fé, mas governado por um espírito de medo. Não é que você não creia, não seja salvo, não é que você não tem Jesus como Senhor. Olha o que Paulo está dizendo: "Você não apenas é uma pessoa cheia de fé, mas você foi separado por Deus para algo importante; entretanto, em algum momento, você permitiu que esse espírito de medo assumisse o controle do seu destino".

Conheço muitas pessoas que têm um chamado, mas vivem aquém daquilo que Deus tem preparado para elas. São pessoas que foram escravizadas pelo espírito de medo.

A TIRANIA DO MEDO

Por que essa tirania do medo acontece? Por uma série de fatores, dentre eles as circunstâncias que nos cercam. Timóteo era o pastor em Éfeso e os detalhes sobre a realidade da cidade não eram favoráveis. Cristãos eram perseguidos e mortos, pessoas eram lançadas em prisões. E quando vemos algumas situações acontecendo ao nosso redor que não são favoráveis, o diabo usa isso para gerar dúvidas e nos fazer escravos do medo de que Deus irá nos desamparar.

As mentiras do diabo devem ser derrubadas, afirmando as promessas do Pai a respeito de nós, seus filhos espirituais:

> *Guarda-me como a menina dos olhos, esconde-me à sombra das tuas asas, dos perversos que me oprimem, inimigos que me assediam de morte.*
>
> *Insensíveis, cerram o coração, falam com lábios insolentes; andam agora cercando os nossos passos e fixam em nós os olhos para nos deitar por terra.*
>
> *Parecem-se com o leão, ávido por sua presa, ou o leãozinho, que espreita de emboscada. (Salmo 17:8-12)*

Paulo diz a Timóteo: *Não é natural você viver dessa maneira, acuado, medroso.* Deus tem algo bom para você. Por mais que existam ameaças reais, causadas por uma série de circunstâncias, o diabo usa qualquer uma para sussurrar no seu ouvido.

De fato, o diabo é especialista em nos fazer desanimar. Ele vai soprar no seu ouvido: *Acho que não vai dar certo; se eu fosse você, eu não arriscava.* Ouvindo mais e mais o que o diabo está dizendo, sendo ele o pai da mentira, não dará crédito ao que Deus já disse a seu respeito e já foi confirmado por pessoas ao seu redor.

Há alguns medos que nos amarram, sequestrando nossa capacidade de agir. Eu conheço pessoas atormentadas pelo medo. Medo de não dar certo, medo de não ser feliz, medo do que as pessoas vão falar ou pensar delas. E vivem num tormento frequente, constante. E por isso ficam paralisadas, porque o medo tem poder de nos aprisionar. Ele nos encarcera onde estamos.

Aliás, essa é a razão pela qual o apóstolo escreve a Timóteo. Ele havia notado que esse espírito de medo estava impedindo Timóteo de viver o chamado que havia recebido para cumprir.

O apóstolo relembra ao jovem pastor: *Deus não nos deu esse espírito.* Esse tipo de espírito não vem de Deus. O medo que o rouba do futuro, o medo que o rouba de cumprir o seu chamado, o medo que o rouba da oportunidade de testemunhar, de falar do amor de Cristo, não é de Deus. Deus não nos tem dado esse espírito de medo. E por isso Paulo brada: *Liberte-se, Timóteo, reavivando o seu chamado e a sua unção.*

(...) te admoesto que reavives o dom de Deus que há em ti pela imposição das minhas mãos. (2 Timóteo 1:6)

O MEDO QUE NOS FAZ AFUNDAR

Um dos exemplos mais claros nas escrituras de como o medo tem o poder de travar a vida de alguém para experiências grandes é quando Jesus vem andando sobre as águas.

Logo a seguir, compeliu Jesus os discípulos a embarcar e passar adiante dele para o outro lado, enquanto ele despedia as multidões. E, despedidas as multidões, subiu ao monte, a fim de orar sozinho. Em caindo a tarde, lá estava ele, só. Entretanto, o barco já estava longe, a muitos estádios da terra, açoitado pelas ondas; porque o vento era contrário.

Na quarta vigília da noite, foi Jesus ter com eles, andando por sobre o mar. E os discípulos, ao verem-no andando sobre as águas, ficaram aterrados e exclamaram: É um fantasma! E, tomados de medo, gritaram. Mas Jesus imediatamente lhes disse: Tende bom ânimo! Sou eu. Não temais!

Respondendo-lhe Pedro, disse: Se és tu, Senhor, manda-me ir ter contigo, por sobre as águas. E ele disse: Vem! E Pedro, descendo do barco, andou por sobre as águas e foi ter com Jesus. Reparando, porém, na força do vento, teve medo; e, começando a submergir, gritou: Salva-me, Senhor! E, prontamente, Jesus, estendendo a mão, tomou-o e lhe disse: Homem de pequena fé, por que duvidaste?

Subindo ambos para o barco, cessou o vento. E os que estavam no barco o adoraram, dizendo: Verdadeiramente és Filho de Deus! (Mateus 14:22-33)

Os discípulos estavam em meio a uma tempestade e, de repente, Jesus aparece, mas eles não conseguiam identificar que era o Mestre, a ponto de imaginarem que era um fantasma. Você percebe como o medo altera a nossa percepção, dando-nos uma visão distorcida da realidade que nos envolve? Uma pessoa com medo começa a enxergar o que não existe.

Assim estavam os discípulos, pois antes – como descrito nos versículos anteriores – haviam contemplado um tremendo milagre de alimentar milhares de pessoas com o lanche de um rapazinho e agora, enquanto ordenou que os discípulos atravessassem o mar próximo à cidade de Tiberíades, Jesus se retira para um monte para orar e renovar-se na comunhão com o Pai. Mas os discípulos não o reconhecem quando está retornando, caminhando na direção do barco.

AUSÊNCIA MOMENTÂNEA

Por qualquer motivo, quanto mais distante ficamos de Jesus, mais o medo encontra espaço em nosso coração. A momentânea ausência de Jesus faz esmorecer a confiança dos discípulos. O tempo muda, o vento contrário aumenta, as ondas se levantam contra o barco, e Jesus parece cada vez mais distante daquele grupo de homens que agora temem pelas suas vidas. Então, de modo simples e direto, Jesus toma um atalho e, em plena madrugada, vai em linha reta, andando sobre o mar para chegar ao barco. Em virtude do vento contrário, a embarcação deveria estar na metade do caminho, que teria uns 13 quilômetros de extensão. Sendo assim, aqueles homens estavam literalmente no meio do mar.

Um fato curioso acerca do medo: primeiro ele nos surpreende pela força negativa que atua em nós, pois os discípulos temiam pelas suas vidas. Muitos eram pescadores e conheciam o perigo daquelas águas quando o vento era forte. Mas, em seguida, quando Jesus vem socorrê-los, eles agora ficam assustados com a intervenção sobrenatural do Mestre, andando sobre as águas.

QUEM MAIS PODE ANDAR SOBRE AS ÁGUAS?

Veja o que Jesus disse para os discípulos no barco: *Não tenham medo*. Essa expressão, e outras assemelhadas a ela, aparece mais de 170 vezes na Bíblia – o que nos assegura que o medo não deve ser o responsável por guiar os nossos passos.

Não permita que o medo domine as suas ações e as suas escolhas. O que, então, Pedro diz? *Se é o Senhor, manda-me ter contigo sobre as águas*, e Jesus responde: *Vem!* E Pedro, enfrentando o medo, crendo que o medo não poderia dominá-lo, saiu do barco e caminhou, dando alguns passos sobre as águas.

Quantos eram os discípulos? Doze. Não sabemos se todos estavam no barco. Mas vamos imaginar que sim. Isso quer dizer que a média é extremamente assustadora. Sendo doze os discípulos, apenas um experimentou algo grande e sobrenatural porque teve a coragem de enfrentar os seus medos.

Eu não estou aqui afirmando que você nunca mais vai sentir medo, que você vai se libertar de todos os tipos de medo de agora em diante. Não, mas, se você aprender a enfrentar os seus medos, quando eles se manifestarem, e também a prevalecer diante deles pela fé, então irá vivenciar experiências libertadoras e sobrenaturais, também pela fé.

PERCEPÇÃO DISTORCIDA

Os discípulos estavam cansados, pois haviam remado contra o vento até as três da manhã, que corresponde à quarta vigília da noite, antes do amanhecer. Mesmo não sendo supersticiosos, pois foram esclarecidos sobre a natureza espiritual do mal, e participaram de curas e libertações com Jesus, eles recorrem ao termo: É um fantasma! Mas a ousadia de Pedro traz a chave para resolver a questão, quando pergunta: *És tu, Mestre? Então ordena que eu também vou andar sobre as águas!*

Inicialmente, Pedro teve medo, pois assustou-se com a força do mar; em seguida, espantou-se ao imaginar que a aparição de Jesus fosse a presença de um espírito maligno. Finalmente, ele vai alarmar-se quando, já andando sobre as águas, volta a reparar na força do vento e na altura das ondas. Jesus, então, estende-lhe a mão e ambos se abrigam no barco, e o Mestre faz cessar o vento.

Quem mais poderia andar sobre as águas?

De modo prático, como podemos aprender a enxergar as circunstâncias não mais sob a perspectiva do medo, mas, sim, ouvindo a voz do Mestre, que nos orienta a caminhar pela fé, e não pelo medo?

A chave para essa atitude foi explicada por Jesus ao final do Sermão do Monte, conforme registrada no Evangelho de Mateus:

> *Todo aquele, pois, que ouve estas minhas palavras e as pratica será comparado a um homem prudente que edificou a sua casa sobre a rocha; e caiu a chuva, transbordaram os rios, sopraram os ventos e deram com ímpeto contra aquela casa, que não caiu, porque fora edificada sobre a rocha.*
>
> *E todo aquele que ouve estas minhas palavras e não as pratica será comparado a um homem insensato que edificou a sua casa sobre a areia; e caiu a chuva, transbordaram os rios, sopraram os ventos e deram com ímpeto contra aquela casa, e ela desabou, sendo grande a sua ruína.*
>
> *Quando Jesus acabou de proferir estas palavras, estavam as multidões maravilhadas da sua doutrina; porque ele as ensinava como quem tem autoridade e não como os escribas.* (Mateus 7:24-29)

Ouvir e praticar! Eis o segredo!

Receber a Palavra apenas como um ensinamento humano, transmitido sem autoridade, não produz o efeito prometido por Deus. Nesse sentido, o discipulado cristão é uma sequência de ouvir e praticar. Assim como educamos as crianças, aos poucos, conferindo que tenham absorvido uma verdade pela prática, devemos da mesma forma avançar para um próximo nível de fé.

OUVINDO A VOZ

As multidões que seguiam a Jesus receberam os seus ensinos com o coração aberto. Foram curados, libertos, consolados, orientados a *ouvir e praticar*. Os escribas, entretanto, eram repetidores da letra. Não demonstravam autoridade.

O discípulo de Jesus é aquele que reconhece que Ele é verdadeiramente Filho de Deus. Por isso, todos os discípulos estão aptos a viver acima de toda e qualquer circunstância ameaçadora. Tendo experimentado o perfeito e providencial amor de Jesus, o medo não pode mais dominar a vida do discípulo, não importando a força do vento e a fúria da tempestade que se abate sobre a sua vida:

> *No amor não existe medo; antes, o perfeito amor lança fora o medo. Ora, o medo produz tormento; logo, aquele que teme não é aperfeiçoado no amor. (1 João 4:18)*

CAPÍTULO 2

O EFEITO NEGATIVO DA DÚVIDA

Não há nada mais triste no mundo do que o homem irresoluto que ondula entre dois sentimentos.

JOHANN W. GOETHE. ESCRITOR, FILÓSOFO E CIENTISTA ALEMÃO. (1749-1832)

Meus irmãos, tende por motivo de toda alegria o passardes por várias provações, sabendo que a provação da vossa fé, uma vez confirmada, produz perseverança.

Ora, a perseverança deve ter ação completa, para que sejais perfeitos e íntegros, em nada deficientes. Se, porém, algum de vós necessita de sabedoria, peça-a a Deus, que a todos dá liberalmente e nada lhes impropera; e ser-lhe-á concedida. Peça-a, porém, com fé, em nada duvidando; pois o que duvida é semelhante à onda do mar, impelida e agitada pelo vento. Não suponha esse homem que alcançará do Senhor alguma coisa; homem de ânimo dobre, inconstante em todos os seus caminhos. (Tiago 1:2-8)

O primeiro grande desafio a ser vencido, o qual é produzido pelo medo, é a dúvida. O medo gera uma série de danos às pessoas e, quem sabe, a dúvida pode ser um efeito que você tem experimentado na sua caminhada espiritual. Por isso Tiago escreve dizendo que, se alguém tiver que pedir alguma coisa a Deus, no caso sabedoria, deveria pedir sem duvidar, pois quem não confia é como a onda do mar que é agitada e levada pelo vento (cf. Tiago 1:5-8).

O ponto de vista bíblico apresentado pelo apóstolo Tiago é que a dúvida não é uma questão racional, de conhecimento ou de informação. Muito menos de inteligência, força de vontade ou sentimentos. Ela está relacionada diretamente com a perseverança do cristão quando a sua fé é provada. E, quando duvidamos, estamos interrompendo o aperfeiçoamento que o Espírito Santo está produzindo em nossas vidas, para que se complete a nossa preparação para o propósito de Deus em nós.

Nesse sentido, o elemento primordial para nos libertar da dúvida é receber de Deus sabedoria para enfrentar os desafios, as lutas, as provações e as tentações que se configuram como as aflições previsíveis em nossa vida terrena. Tanto é assim, que ao final de sua vida em comunhão com os discípulos, pouco antes da sua crucificação, Jesus os previne:

> *Eis que vem a hora e já é chegada, em que sereis dispersos, cada um para sua casa, e me deixareis só; contudo, não estou só, porque o Pai está comigo.*

Estas coisas vos tenho dito para que tenhais paz em mim. No mundo, passais por aflições; mas tende bom ânimo; eu venci o mundo. (João 16:31-32)

O MOMENTO DE MAIOR DÚVIDA

O tempo da dispersão dos discípulos, como decorrência da morte de Jesus, havia chegado! Alguns retornam às suas cidades de origem – como possivelmente os discípulos no caminho de Emaús (cf. Lucas 24:13), povoado distante cerca de 10 quilômetros de Jerusalém, o palco do avassalador acontecimento da crucificação do Nazareno. Outros talvez tenham se refugiado em casas distantes de parentes e amigos.

Entretanto, é certo que o círculo mais íntimo dos seguidores de Jesus estava dividido entre permanecerem juntos, enquanto novos acontecimentos se desenrolariam, ou buscarem alternativas pessoais, conforme cada um analisasse.

Dúvidas! Muitas dúvidas! E, para enfrentar esse momento, os discípulos haviam sido recém-alertados pelo Mestre. Mas Ele se fora e os religiosos judeus poderiam agora se voltar contra os discípulos de Jesus com igual furor com que conspiraram contra Ele:

Ao cair da tarde daquele dia, o primeiro da semana, trancadas as portas da casa onde estavam os discípulos com medo dos judeus, veio Jesus, pôs-se no meio e disse-lhes: Paz seja convosco! E, di-

zendo isto, lhes mostrou as mãos e o lado. Alegraram-se, portanto, os discípulos ao verem o Senhor.

Disse-lhes, pois, Jesus outra vez: Paz seja convosco! Assim como o Pai me enviou, eu também vos envio. E, havendo dito isto, soprou sobre eles e disse-lhes: Recebei o Espírito Santo. Se de alguns perdoardes os pecados, são-lhes perdoados; se lhos retiverdes, são retidos. (João 20:19-23)

O comentarista bíblico Matthew Henry assim analisa esse momento relatado pelo apóstolo João:

Provavelmente, os discípulos estavam reunidos aqui para alguma atividade religiosa, para orarem juntos. Ou, talvez, eles estivessem reunidos para comparar observações, e considerar se tinham evidências suficientes da ressurreição de seu Mestre, e para deliberar o que devia ser feito agora, se deviam permanecer juntos ou dispersar-se. (...) Esta reunião era privada, porque eles não apareciam publicamente juntos. Eles se reuniram em uma casa, mas conservaram as portas cerradas, para que não pudessem ser vistos juntos, e para que ninguém viesse a estar entre eles, exceto aqueles a quem conheciam. Pois eles temiam os judeus, (ênfase do autor) que desejavam processar os discípulos como criminosos, de tal modo que pareciam crer na mentira com que desejavam enganar o mundo, de que os discípulos de Cristo vieram durante a noite e furtaram seu corpo.

O caso em questão, que lemos aqui no texto de João 20, acontece logo após Jesus ser crucificado, sepultado e, agora, ressuscitado. As circunstâncias que cercavam a vida dos discípulos eram assustadoras e ainda um tanto incerta para eles.

O poder local havia prendido e matado o seu mestre. O que começa a se passar na cabeça deles? Provavelmente pensaram: Nós somos os próximos. Aqui temos uma forma muito sorrateira como o medo começa a encontrar lugar no coração das pessoas: gerando dúvida, incerteza, roubando a confiança nas promessas de Deus. Sem a presença do Mestre, eles enfrentam o seu momento de maior dúvida.

O MECANISMO DO MEDO

O medo tem uma forma sutil de nos fazer começar a achar que, porque algo aconteceu com uma pessoa, vai acontecer conosco também. O casamento de um não deu certo, a empresa do outro quebrou, então começamos a pensar que o próximo na fila somos nós. É um raciocínio natural. Por esse motivo, as notícias que mais são ouvidas e repetidas são as que alardeiam perigos, temores, casos violentos. A dúvida se alastra de coração para coração, de mente em mente, pois nos sentimos incapazes de enfrentar aquele mal que está sendo noticiado e visto por tanta gente ao mesmo tempo.

Os discípulos, então, reagem de que maneira à notícia de que Jesus havia sido morto? O texto diz que eles entram numa casa e trancam as portas com medo dos líderes judeus. Eles estavam com medo de que aquilo que esses homens haviam feito com Jesus, iriam fazer com eles também. Devem ter pensado: *Se fizeram com Ele, o Messias, o que será de nós?* Aí começa a gerar essa dúvida: *Será que vai acontecer comigo?*

Lembro-me de uma ocasião em que um amigo, infelizmente, foi diagnosticado com câncer no estômago. Aquilo pegou todos nós de surpresa e fomos tomados de imensa tristeza. Enquanto orávamos para que Deus operasse um milagre em sua vida durante o tratamento, de forma inconsciente comecei a sentir alguns desconfortos no meu estômago. Influenciado pelas notícias recentes a respeito da enfermidade desse amigo, imediatamente passei a desenvolver o medo de poder estar com algum tipo de tumor no estômago também. Afinal, o caso dele começou ao sentir um mal-estar muito parecido com o que eu estava sentindo.

Durante semanas alimentei o medo de ser a próxima vítima de um diagnóstico tão ruim. Fugi de consultas, evitei exames, quando, enfim, fiz uma endoscopia e foi constatado que se tratava de nada mais que uma gastrite provavelmente produzida por uma alimentação inadequada. Quantas pessoas não reagem da mesma forma? Diante de uma notícia ruim sobre alguém próximo, começamos a dar espaço ao espírito de medo que nos aprisiona e nos torna reféns de uma possibilidade inexistente.

Quando você então começa a pensar desse modo, quase que de uma forma maligna, você liga a televisão e qual é a matéria? A doença que você estava com medo! Aí começa a dizer: *Tá vendo? Eu tenho certeza de que estou doente*. Então começa a gerar a dúvida e a desanimar do seu futuro, dos projetos de Deus para sua vida.

Devemos nos lembrar de que Jesus havia dito inúmeras vezes aos discípulos que eles seriam usados. Afinal, estavam sendo preparados para realizarem obras ainda maiores. Só que, quando a dúvida começa a encontrar lugar no nosso coração, gerado pelo medo, duvidamos até mesmo daquilo que Jesus afirmou que faria na nossa vida e, de modo natural, começamos a nos esconder, a buscar um local seguro, um esconderijo.

PERSEVERANDO NA MISSÃO

Nas palavras de despedida antes da sua morte, Jesus já apontava para a continuação da sua missão, que seria completada pelos discípulos. Pregar, ensinar, libertar os cativos, curar os enfermos. Mas os seus discípulos seriam enviados para fazer uma obra maior, no tempo e no espaço, desde *Jerusalém e Samaria, e até os confins da terra* (cf. Atos 1:8). Estas foram as suas palavras dentro das últimas instruções:

> *Em verdade, em verdade vos digo que aquele que crê em mim fará também as obras que eu faço e outras maiores fará, porque eu vou para junto do Pai. E tudo quanto pedirdes em meu nome, isso*

> *farei, a fim de que o Pai seja glorificado no Filho. Se me pedirdes alguma coisa em meu nome, eu o farei.* (João 14:12-14)

A fé é o grande propulsor daquele que crê. Como o combustível de um foguete, que queima na cápsula até que este alcance as alturas programadas, nada pode barrar a força do cristão, quando este se lança no cumprimento do propósito de Deus para a sua vida. Entretanto, a dúvida pode funcionar como uma espécie de "freio de mão", ao mesmo tempo que pisamos no acelerador! Gastamos combustível, fazemos barulho, impressionamos a quem nos observa, mas, se a dúvida toma o nosso coração, começamos a recuar, a diminuir o passo, a andar para trás, e abandonamos a missão.

As "obras maiores", às quais Jesus se referiu, não consistem num campeonato de milagres, feitos prodigiosos, realizações reconhecidas e aplaudidas pelos homens. São maiores do que qualquer um de nós poderia imaginar realizar com a força do braço, o poder das riquezas ou a profundidade do conhecimento humano. São maiores porque o próprio Deus, por meio da ação do Espírito Santo em nós, e através de nós, apagará todos os dardos inflamados do inimigo lançados contra nós – inclusive os grilhões do medo e da dúvida. Ele prometeu nos levar em vitória para o alvo para o qual nos tornou mais do que vencedores (cf. Romanos 8:37).

Quando nos libertamos do medo, podemos prosseguir com intrepidez e fé rumo ao propósito maior de Deus em nossas vidas.

CAPÍTULO 3

O PROBLEMA DA PARALISIA

É pela indecisão que se perdem as oportunidades.

PUBLÍLIO SIRO. POETA LATINO (SÉCULO I A.C.)

A estes doze enviou Jesus, dando-lhes as seguintes instruções: Não tomeis rumo aos gentios, nem entreis em cidade de samaritanos; mas, de preferência, procurai as ovelhas perdidas da casa de Israel; e, à medida que seguirdes, pregai que está próximo o reino dos céus.

Curai enfermos, ressuscitai mortos, purificai leprosos, expeli demônios; de graça recebestes, de graça dai. Não vos provereis de ouro, nem de prata, nem de cobre nos vossos cintos; nem de alforje para o caminho, nem de duas túnicas, nem de sandálias, nem de bordão; porque digno é o trabalhador do seu alimento. E, em qualquer cidade ou povoado em que entrardes, indagai quem neles é digno; e aí ficai até vos retirardes.

Ao entrardes na casa, saudai-a; se, com efeito, a casa for digna, venha sobre ela a vossa paz; se, porém, não o for, torne para vós outros a vossa paz. Se alguém não vos receber, nem ouvir as vossas palavras, ao sairdes daquela casa ou daquela cidade, sacudi o pó dos vossos pés.

Em verdade vos digo que menos rigor haverá para Sodoma e Gomorra, no Dia do Juízo, do que para aquela cidade. Eis que eu vos envio como ovelhas para o meio de lobos; sede, portanto, prudentes como as serpentes e símplices como as pombas. E acautelai-vos dos homens; porque vos entregarão aos tribunais e vos açoitarão nas suas sinagogas; por minha causa sereis levados à presença de governadores e de reis, para lhes servir de testemunho, a eles e aos gentios. (Mateus 10:5-18)

A segunda influência negativa do medo que a história nos ensina – e é clara nesse texto do Evangelho de Mateus – é a paralisia. Ela é uma das consequências mais letais que o medo produz nas pessoas. O medo trava a pessoa, que fica indecisa, e acaba não sabendo que direção tomar.

É importante lembrar que, antes da prisão, julgamento e execução de Jesus, os discípulos estavam intensamente envolvidos no ministério com Cristo, viajando para todos os lados, acompanhando o Mestre no seu ministério. Eles, inclusive, cumpriam com afinco as instruções recebidas para sair em campo, entrando em cidades, visitando casas e anunciando o Evangelho, como descrito no texto de Mateus 10.

A colheita de resultados provocou uma euforia inicial, de tal ordem, que os discípulos retornaram com relatos de grande empolgação (cf. Lucas 10:18-20). Mas praticamente se esqueceram do alerta ao final do chamamento inicial para a evangelização: *por minha causa sereis levados à presença de governadores e de reis, para lhes servir de testemunho, a eles e aos gentios.*

O relato recém-analisado de João 20:19-23 no capítulo anterior vai contrastar a euforia do começo da Evangelização com a paralisia provocada pelo medo que agora sentiam de que os líderes religiosos do seu próprio povo se voltassem para persegui-los, acusá-los de crimes e sentenciá-los à pena capital, como acontecera ao Mestre.

O medo fez que os discípulos agora se fechassem num lugar secreto, parassem de trabalhar, fugissem. Evitassem qualquer estranho que pudesse tornar-se um traidor como Judas. Todo cuidado era pouco.

PRUDÊNCIA OU DESISTÊNCIA?

O medo tem um poder paralisante de nos congelar e nos afastar daquilo que genuinamente é bom para nós. Ficamos parados, não damos um passo sequer, achando que não vale a pena fazer nada porque na nossa cabeça o medo já tomou conta, e começamos a dizer que não vale a pena agir, que vai dar tudo errado.

Não avançamos nem recuamos. Ficamos paralisados. Presos ao vazio, pois nos esquecemos de uma importante parte da promessa de Jesus aos que fossem enviados para evangelizar:

Bem-aventurados sois quando, por minha causa, vos injuriarem, e vos perseguirem, e, mentindo, disserem todo mal contra vós. Regozijai-vos e exultai, porque é grande o vosso galardão nos céus; pois assim perseguiram aos profetas que viveram antes de vós. (Mateus 5:11-12)

E, quando vos entregarem, não cuideis em como ou o que haveis de falar, porque, naquela hora, vos será concedido o que haveis de dizer, visto que não sois vós os que falais, mas o Espírito de vosso Pai é quem fala em vós.

Um irmão entregará à morte outro irmão, e o pai, ao filho; filhos haverá que se levantarão contra os progenitores e os matarão. Sereis odiados de todos por causa do meu nome; aquele, porém, que perseverar até ao fim, esse será salvo. (Mateus 10:19-22)

OPORTUNIDADES EM TEMPOS DE CRISE

Muitos cristãos, no período de pandemia, ficaram paralisados. Enquanto eu fazia a preparação dos originais deste livro, separei um tempo para tomar um café com alguns pastores e conversar um pouco. São amigos queridos e temos aquele tempo para jogar conversa fora – no sentido de abrir o coração sem estar preso a uma pauta preestabelecida.

Nesse encontro, comecei a falar de como as pessoas, nesse período de crise, reagiram às oportunidades que se apresentaram, mesmo diante de um cenário de medo. Um dos pastores comentou sobre uma dupla sertaneja, pelo que me recordo, que, por conta da pandemia, precisou enfrentar a interrupção forçada dos shows. Mas, então, receberam uma proposta de um amigo em comum para fabricar máscaras cirúrgicas. Um deles disse que estava dentro do negócio, já que os shows haviam parado. O outro disse que não iria porque em breve tudo isso passaria. Ficou indeciso, não conseguiu analisar corretamente se era uma boa oportunidade.

Alguns dias depois, eles foram participar de um programa na TV e o entrevistador perguntou para aquele integrante da dupla que havia aceitado entrar no negócio das máscaras: *E aí, como estão os negócios com as máscaras?* E ele respondeu: *Estamos vendendo trinta milhões de máscaras por mês*. E perguntou para o outro: *E você?* O outro respondeu: *Eu estou quebrado*. Dois amigos, parceiros de trabalho. Um olhou a proposta e enxergou prudentemente que valia a pena investir. O outro, com atitude semelhante, concluiu, prudentemente, que deveria desistir! A diferença na escolha foi decidida pelo fator medo.

ESTRATÉGIA LETAL

Nessas ocasiões, o medo é uma das estratégias mais letais que o diabo usa para paralisá-lo, para que você não avance para novas posições que se apresentam. Isso aconteceu com três mulheres – Noemi e suas noras, Orfa e Rute – ligadas por uma tragédia comum.

Warren Wiersbe, em seu comentário sobre o livro de Rute, nos oferece um resumo desse drama, que começa com uma decisão errada do marido de Noemi, chamado Elimeleque, quando abandonou a sua terra em uma ocasião de grande fome e foi procurar abrigo entre os moabitas, inimigos do seu povo:

> *O nome Elimeleque significa "meu Deus é rei". Porém o Senhor não era rei na vida de Elimeleque, pois deixou Deus inteiramente fora de suas decisões. Fez uma escolha fora da vontade de Deus quando foi morar em Moabe, o que o levou a outro equívoco, quando seus dois filhos se casaram com mulheres moabitas. Malom se casou com Rute (Rute 4:10), e Quiliom, com Orfa. Os israelitas eram proibidos de se casar com mulheres gentias, especialmente de Amom e Moabe (Deuteronômio 7:11; 23:36; Neemias 13:1-3; Esdras 9:1-4).*
>
> *Foram as mulheres moabitas que, no tempo de Moisés, seduziram os homens israelitas e os conduziram à imoralidade e à idolatria, o que resultou na morte de vinte e quatro mil pessoas.*
>
> *Elimeleque e sua família haviam fugido para Moabe a fim de escapar da fome, mas ainda assim os três homens acabaram morrendo naquela terra. A família planejara apenas uma estada temporária em Moabe, mas ficaram lá dez anos (Rute 1:4). No final dessa década de desobediência, tudo o que sobrou foram três viúvas solitárias e três túmulos israelitas numa terra pagã. Nada mais (1:21). Essas são as tristes consequências da incredulidade.*

Apesar desse drama, que não resolveu a crise que Elimeleque passou, o que vai acontecer em seguida nos oferece uma estrutura de relacionamento, que vai gerar uma oportunidade para a solução do problema.

Não resta a Noemi senão a difícil decisão de retornar à sua terra natal, de onde nunca deveria ter partido. O medo da fome foi péssimo conselheiro para Elimeleque, que arrastou sua família para o desastre, e esse mesmo medo irá impulsionar Noemi de volta a Israel, mas sem convicção de estar reatando sua aliança com o Senhor.

Provavelmente, Noemi não se sentia confortável em retornar com duas noras moabitas ao convívio com sua parentela em Judá, e despede as jovens viúvas para que permaneçam em Moabe – uma solução conveniente!

> *Saiu, pois, ela com suas duas noras do lugar onde estivera; e, indo elas caminhando, de volta para a terra de Judá, disse-lhes Noemi: Ide, voltai cada uma à casa de sua mãe; e o Senhor use convosco de benevolência, como vós usastes com os que morreram e comigo. O Senhor vos dê que sejais felizes, cada uma em casa de seu marido. E beijou-as. Elas, porém, choraram em alta voz e lhe disseram: Não! Iremos contigo ao teu povo. Porém Noemi disse: Voltai, minhas filhas! Por que iríeis comigo? Tenho eu ainda no ventre filhos, para que vos sejam por maridos? (Rute 1:7-11)*

Orfa então retorna à casa de sua família, mas Rute se apegou a Noemi e faz uma das mais surpreendentes declarações bíblicas sobre como romper com a paralisia provocada pelo medo: estabelece uma nova base de relacionamento com Noemi, conforme podemos reconhecer no texto a seguir:

> *Disse Noemi: Eis que tua cunhada voltou ao seu povo e aos seus deuses; também tu, volta após a tua cunhada. Disse, porém, Rute: Não me instes para que te deixe e me obrigue a não seguir-te; porque, aonde quer que fores, irei eu e, onde quer que pousares, ali pousarei eu; o teu povo é o meu povo, o teu Deus é o meu Deus.*
>
> *Onde quer que morreres, morrerei eu e aí serei sepultada; faça-me o Senhor o que bem lhe aprouver, se outra coisa que não seja a morte me separar de ti.*
>
> *Vendo, pois, Noemi que de todo estava resolvida a acompanhá-la, deixou de insistir com ela. (Rute 1:15-18)*

Em resumo, Rute se une a Noemi:

1. *por laços de amor; e, sem titubear,*
2. *jura-lhe fidelidade pessoal; e*
3. *promete devoção ao Deus de Abraão, Isaque e Jacó.*

A jovem moabita não leva em consideração nada, senão a firme decisão de unir o seu destino à vida de Noemi. E o que se segue é a maravilhosa graça de Deus, que faz retornar à sua aliança com a Casa de Judá aquela que se tornará a bisavó do futuro rei Davi, a figura central da genealogia de Jesus no Velho Testamento.

Uma firme decisão de Rute, por amor a Noemi, rompe os grilhões da condenação que pairavam sobre os moabitas, e os faz retornar ao lugar da bênção.

EM NOME DO AMOR

Você está diante de um dilema: precisa aconselhar uma pessoa sobre uma atitude que envolve uma terceira pessoa. Isso geralmente é uma das situações mais delicadas nos relacionamentos humanos, principalmente quando pode afetar profundamente uma amizade.

Paulo, já velho, está preso em Roma, e envia uma carta a Filemom, para tratar de um assunto pessoal: ele conheceu na prisão um escravo fugitivo de Filemom, chamado Onésimo, a quem evangelizara. O teor da carta era considerar com Filemom as alternativas do que fazer com aquele escravo que seria devolvido ao seu dono. Pelas leis e costumes da época, Filemom poderia castigar Onésimo com muito rigor, com torturas, amputação de partes do corpo e, até mesmo, com a morte.

Paulo se vê no meio de uma escolha difícil: pedir em favor de Onésimo, mesmo sabendo que poderia desagradar seu amigo, pois tratava-se de um assunto com uma solução prevista na lei dos homens.

Nos dias atuais, ainda nos vemos diante de situações semelhantes, envolvendo amigos, irmãos na fé, parentes, companheiros de trabalho. E, de tempos em tempos, alguma situação semelhante à de Paulo, Onésimo e Filemom acontece.

O que fazer? Como não ficar paralisado diante de escolhas tão conflitantes, de agradar a um, desagradar a outro, ou desagradar a ambos? O apóstolo Paulo, então, nos fornece uma alternativa exemplar:

> *Pois, irmão, tive grande alegria e conforto no teu amor, porquanto o coração dos santos tem sido reanimado por teu intermédio. Pois bem, ainda que eu sinta plena liberdade em Cristo para te ordenar o que convém, prefiro, todavia, solicitar em nome do amor (grifo do autor), sendo o que sou, Paulo, o velho e, agora, até prisioneiro de Cristo Jesus; sim, solicito-te em favor de meu filho Onésimo, que gerei entre algemas. (Filemom 7-10)*

Quando o medo nos paralisa, agir no amor de Cristo nos liberta. Podemos tomar decisões que irão surpreender a nós e aos outros, pois a misericórdia de Deus vai se manifestar quando agimos em nome do amor.

CAPÍTULO 4

O MEDO DE FRACASSAR

Nossa maior fraqueza está em desistir. A maneira mais certa de ter sucesso é sempre tentar mais uma vez.

THOMAS EDISON. INVENTOR NORTE-AMERICANO. (1847-1931)

Passadas estas coisas, havia uma festa dos judeus, e Jesus subiu para Jerusalém. Ora, existe ali, junto à Porta das Ovelhas, um tanque, chamado em hebraico Betesda, o qual tem cinco pavilhões. Nestes, jazia uma multidão de enfermos, cegos, coxos, paralíticos esperando que se movesse a água. Porquanto um anjo descia em certo tempo, agitando-a; e o primeiro que entrava no tanque, uma vez agitada a água, sarava de qualquer doença que tivesse.

Estava ali um homem enfermo havia trinta e oito anos. Jesus, vendo-o deitado e sabendo que estava assim há muito tempo, perguntou-lhe: Queres ser curado?

Respondeu-lhe o enfermo: Senhor, não tenho ninguém que me ponha no tanque, quando a água é agitada; pois, enquanto eu vou, desce outro antes de mim.

Então, lhe disse Jesus: Levanta-te, toma o teu leito e anda. Imediatamente, o homem se viu curado e, tomando o leito, pôs-se a andar. E aquele dia era sábado. (João 5:1-8)

O tanque de Betesda era um local de encontro de uma multidão de necessitados. Todos aguardavam o momento da agitação das águas, que era o sinal para que houvesse a corrida para lançar-se primeiro naquelas águas milagrosas. Quantas vezes alguns ali já haviam tentado, e fracassado. E certamente era grande o número dos que insistiam em permanecer naquele local de esperança.

Prosseguir, mesmo diante do medo de fracassar, deve ser a sua opção, pois, se outras pessoas alcançaram seu objetivo, um dia quem sabe será a sua vez – como lemos no texto de João 5, *que enquanto eu vou, desce outro antes de mim.* Todos ao redor do tanque mantinham uma perspectiva positiva, não considerando as falhas em alcançar o milagre como um decreto final. Não se deixavam vencer pelo medo de fracassar.

O MEDO DE FRACASSAR

Diante das falhas que enfrentamos, esse medo de tentar novamente algo que não foi bem-sucedido tende a governar nossa vida, pois pode estar profundamente arraigado em nosso inconsciente pelas diversas experiências pelas quais passamos anteriormente.

O medo do fracasso tem várias origens, tais como: pais extremamente críticos, falta de apoio, baixa autoestima, autossabotagem, perfeccionismo, expectativas irrealistas diante de planos com processos pouco desenvolvidos e analisados.

Esse medo de fracassar tem um nome técnico complicado: cacorrafiofobia, resultante da junção de duas palavras gregas: *kakorraphio*, que significa *plano malicioso*, *enganoso*; e *fobia*, com significado de *medo exagerado*. É a falta de confiança em suas capacidades pessoais de empreender alguma coisa, pois pode estar se enganando nos seus julgamentos, planos, decisões.

UMA VISÃO DE SI MESMO

Uma visão pessimista de si mesmo contribui para arraigar o medo de fracassar na vida de uma pessoa. A ponto de ela se declarar, *a priori*, incapaz de executar uma tarefa para a qual ela provavelmente estaria qualificada, mas que algumas experiências passadas de fracasso reforçaram a sua autocondenação de *incapacidade*.

Alguns são escravos do medo do fracasso devido às frustrações no passado. Um relacionamento amoroso que naufragou e o aprisionou num sentimento de que jamais será feliz e tem medo de fracassar em um novo relacionamento. Inventamos doenças, limitações e desculpas contínuas para não dar um passo em direção a um novo horizonte de possibilidades.

Moisés é um exemplo bíblico desse comportamento, quando foi chamado a comparecer diante de Faraó para confrontar o rei do Egito com a ordem do Senhor de libertar da escravidão o povo judeu.

> *Então, disse Moisés ao Senhor: Ah! Senhor! Eu nunca fui eloquente, nem outrora, nem depois que falaste a teu servo; pois sou pesado de boca e pesado de língua.*
>
> *Respondeu-lhe o Senhor: Quem fez a boca do homem? Ou quem faz o mudo, ou o surdo, ou o que vê, ou o cego? Não sou eu, o Senhor? Vai, pois, agora, e eu serei com a tua boca e te ensinarei o que hás de falar. (Êxodo 4:10-12)*

É o Senhor insistindo com Moisés e ele resistindo a seguir as instruções! Inclusive diagnosticando a sua doença como *pesado de língua*, que foi contestada pelo Senhor, que declarou que o capacitaria a cumprir o que havia sido ordenado.

Deus nunca nos chama para fazer algo que já não tenhamos capacidade de realizar. Vença sempre o medo do fracasso lembrando-se de que Deus o criou com um potencial extraordinário.

AUTOCRÍTICA EQUILIBRADA

Precisamos ser sinceros e reconhecer que, quando optamos por ser controlados pelos nossos medos, acabamos sendo responsáveis pelos nossos próprios fracassos. Uma autocrítica equilibrada nos permite concluir que o único culpado somos nós mesmos, porque deixamos que o medo determine quais são as nossas escolhas. Obcecados e controlados pelos nossos medos, criamos aquilo que mais tememos.

Uma expressão no livro de Jó é como um verdadeiro *hino ao fracasso contínuo*, pois todos os dias ele espera obter um bom resultado de seus esforços, mas o fracasso continuado não lhe dá descanso.

> *Não tenho paz, nem sossego; não tenho descanso, só aflição. (Jó 3:24-26)*

Nós alimentamos os nossos próprios fantasmas, decisões e não decisões que nos assombram permanentemente, quando o medo gera seu quinhão diário de fracasso. Nos negócios e nos relacionamentos familiares, começamos a achar que nada vai acontecer, que o casamento não vai dar certo e que nascemos para tudo dar errado nas atividades profissionais.

Começamos, então, a criar um roteiro de fracasso, alimentado pela proximidade de pessoas que deveriam demonstrar amizade e apoio – pra não dizer amor incondicional – para superarmos um ciclo de fracassos repetidos. Seriam os amigos de Jó um modelo de apoiadores que precisamos para superar essa síndrome de fracasso contínuo? Veremos adiante que não.

O CASO DE JÓ

Na sabedoria popular, Jó é consagrado como *o homem mais paciente do mundo*. Essa expressão, aliás, é comumente usada como um desabafo quando há conflito de interesse entre as pessoas, e uma delas não consegue mais manter a disposição de conversar, negociar e entrar em entendimento com a outra, pois está sempre mudando de posição. Quem nunca desabafou dizendo: *Com você é preciso ter uma paciência de Jó...!*

Jó era um homem reto, temente a Deus. Era, também, possuidor de imensa riqueza material, muitos servos e numerosa família, conforme se reconhecia o termo prosperidade para aquela época:

> *Havia um homem na terra de Uz, cujo nome era Jó; homem íntegro e reto, temente a Deus e que se desviava do mal. Nasceram-lhe sete filhos e três filhas. Possuía sete mil ovelhas, três mil camelos, quinhentas juntas de bois e quinhentas jumentas; era também mui numeroso o pessoal ao seu serviço, de maneira que este homem era o maior de todos os do Oriente. (Jó 1:1-3)*

Ciente da sua responsabilidade como influenciador dos filhos, procurava acompanhar de perto a vida deles e cuidar de aspectos tão importantes, como zelar pela vida espiritual daqueles que seriam os herdeiros das bênçãos que Deus havia derramado sobre a sua vida.

Considero essa iniciativa de Jó algo fantástico, pois, nos tempos em que vivemos, pais que passaram por escassez de bens materiais na infância ou adolescência procuram às vezes compensar na vida dos filhos esse trauma, exagerando nos mimos e facilidades materiais.

Pode-se compreender a boa intenção desses pais e mães, mas a formação de valores na vida de uma criança é muito mais dependente de ensinamentos, exemplos e acompanhamento amoroso do que de caros presentes, desperdício de dinheiro e falhas na educação. Salomão descreve esse objetivo a ser perseguido pelos pais, sendo reforçado pelo próprio apóstolo Paulo:

> *Ensina a criança no caminho em que deve andar, e, ainda quando for velho, não se desviará dele. (Provérbios 22:6)*

> *Filhos, obedecei a vossos pais no Senhor, pois isto é justo. Honra a teu pai e a tua mãe, que é o primeiro mandamento com promessa, para que te vá bem, e sejas de longa vida sobre a terra. E vós, pais, não provoqueis vossos filhos à ira, mas criai-os na disciplina e na admoestação do Senhor. (Efésios 6:1-4)*

PROSPERIDADE CONTÍNUA

A prosperidade de Jó aumentava, crescia a sua riqueza e, aparentemente, nada havia a temer que pudesse fazer o patriarca desviar-se desse reto caminho.

Assim, a integridade de Jó consolidava-se inclusive no cuidado de oferecer sacrifícios ao Senhor por eventuais pecados de seus filhos:

> *Seus filhos iam às casas uns dos outros e faziam banquetes, cada um por sua vez, e mandavam convidar as suas três irmãs a comerem e beberem com eles.*
>
> *Decorrido o turno de dias de seus banquetes, chamava Jó a seus filhos e os santificava; levantava-se de madrugada e oferecia holocaustos segundo o número de todos eles, pois dizia: Talvez tenham pecado os meus filhos e blasfemado contra Deus em seu coração. Assim o fazia Jó continuamente. (Jó 1:4-5)*

UM DESVIO DE ROTA

Certo dia, a conduta de Jó é assunto na esfera celestial, pois o Senhor sabe que o mundo espiritual observa a vida dele. Satanás, com sua sagacidade maligna, apresenta a Deus a versão de que a integridade de Jó não é sincera, mas fruto da *superproteção* que ele recebe.

> *Então, respondeu Satanás ao Senhor: Porventura, Jó debalde teme a Deus? Acaso, não o cercaste com sebe, a ele, a sua casa e a tudo quanto tem? A obra de suas mãos abençoaste, e os seus bens se multiplicaram na terra.*
>
> *Estende, porém, a mão, e toca-lhe em tudo quanto tem, e verás se não blasfema contra ti na tua face. (Jó 1:9-11)*

A partir desse ponto, haverá um desvio de rota na trajetória de Jó, pois, repentinamente, por permissão de Deus, Satanás age contra Jó para procurar provar a sua tese maldosa. Qual a reação de Jó diante do seu infortúnio? Sua mulher, revoltada, provoca-o a ter uma reação contra Deus:

> *Então, sua mulher lhe disse: Ainda conservas a tua integridade? Amaldiçoa a Deus e morre. Mas ele lhe respondeu: Falas como qualquer doida; temos recebido o bem de Deus e não receberíamos também o mal? Em tudo isto não pecou Jó com os seus lábios. (Jó 2:9-10)*

Em diversos momentos dramáticos da sua vida, Jó se manteve paralisado, neutralizado, pois recebia também, de amigo após amigo, palavras que primeiro até empatizavam com a sua dor, mas terminavam por incriminá-lo e responsabilizá-lo pelo infortúnio que atingiu a sua vida. Os amigos de Jó estavam reforçando a ideia de que Jó estava destinado ao fracasso.

Neste ponto, vale perguntar: com quem você caminha? Com pessoas que o estimulam a vencer ou apenas com aquelas que sempre o acusam de falhar?

CHOQUE DE REALIDADE

Antes um bem-sucedido e saudável homem de negócios e pai de família, agora Jó enfrenta o que hoje denominamos de choque de realidade, após um tempo de reflexão:

> *Ouvindo, pois, três amigos de Jó todo este mal que lhe sobreviera, chegaram, cada um do seu lugar: Elifaz, o temanita, Bildade, o suíta, e Zofar, o naamatita; e combinaram ir juntamente condoer-se dele e consolá-lo.*
>
> *Levantando eles de longe os olhos e não o reconhecendo, ergueram a voz e choraram; e cada um, rasgando o seu manto, lançava pó ao ar sobre a cabeça. Sentaram-se com ele na terra, sete dias e sete noites; e nenhum lhe dizia palavra alguma, pois viam que a dor era muito grande. (Jó 2:11-13)*

Após os sete dias e noites na presença silenciosa de seus amigos que vieram consolá-lo, Jó caiu em si e a sua reação foi inusitada, ao perceber que seus amigos nada diziam, mesmo percebendo a intensidade da sua dor. Jó conectou-se com uma dolorosa realidade, de que provavelmente seus amigos nada poderiam fazer de útil para libertá-lo do *aparente fracasso* da sua vida, e então outro começa a lamentar o seu fracasso:

> *Por que não nasci morto? Por que não morri ao nascer? (Jó 3:1-11, NTLH)*

Jó estava confessando que sua existência era uma morte em vida! Tudo que viria pela frente seria apenas a confirmação do seu fracasso, pois, no íntimo, havia o temor de que a sua prosperidade um dia acabasse, como começava a admitir.

UM DESFECHO SURPREENDENTE

Para Jó, a presença calada de seus amigos não o consolou; ao contrário, fez aflorar a realidade do temor íntimo de que um dia a sua vida se tornasse um fracasso contínuo.

Quase ao final do livro de Jó, nos capítulos 38-39, finalmente Deus interrompe esse círculo vicioso do fracassado patriarca, afirmando que Jó fala sem conhecimento de causa, e cobra dele uma posição:

> *Depois disso, do meio da tempestade, o Senhor deu a Jó a seguinte resposta: "As suas palavras só mostram a sua ignorância; quem é você para pôr em dúvida a minha sabedoria? Mostre agora que é valente e responda às perguntas que lhe vou fazer". (Jó 38:1-2, NTLH)*

> *"Jó, você desafiou a mim, o Deus Todo-Poderoso. Vai desistir ou vai me dar uma resposta?" Então, em resposta ao Senhor, Jó disse: "Eu não valho nada; que posso responder? Prefiro ficar calado. Já falei mais do que devia e agora não tenho nada para dizer". (Jó 40:2-5, NTLH)*

Enquanto vivia usufruindo as bênçãos e bondade de Deus, Jó não encontrou tempo para examinar intimamente a realidade da sua segurança pessoal. Sua percepção distorcida de quem era Deus finalmente será confessada, e o peso do seu fracasso será retirado, alcançando o patriarca um nível inimaginável de vitória permanente.

> *Na verdade, falei do que não entendia; coisas maravilhosas demais para mim, coisas que eu não conhecia. Escuta-me, pois, havias dito, e eu falarei; eu te perguntarei, e tu me ensinarás. Eu te conhecia só de ouvir, mas agora os meus olhos te veem. Por isso, me abomino e me arrependo no pó e na cinza.* (Jó 42:3-6)

RESISTINDO AO FRACASSO

O medo de fracassar pode se tornar o grande responsável pelo nosso fracasso em não tentar resistir ao fracasso. Mas Jó resistiu a esse medo, enfrentando a opinião da mulher, recusando argumentos de seus amigos, um após o outro, imaginando os motivos pelos quais Jó era o causador dos seus próprios males.

Quando *caiu na real*, maldizendo o dia do seu nascimento, Deus vai ao encontro de Jó quando ele está se precipitando numa autopiedade destrutiva, e o faz se conscientizar de que ele não compreende quem é Deus!

Finalmente Jó percebe que seus argumentos de nada valerão para esclarecer as dúvidas de seus amigos a respeito da sua integridade diante de Deus. Então ele ora para que Deus os abençoe, e o fim glorioso de Jó encerra as palavras do livro:

Mudou o Senhor a sorte de Jó, quando este orava pelos seus amigos; e o Senhor deu-lhe o dobro de tudo o que antes possuíra. Assim, abençoou o Senhor o último estado de Jó mais do que o primeiro; porque veio a ter catorze mil ovelhas, seis mil camelos, mil juntas de bois e mil jumentas. Também teve outros sete filhos e três filhas. Em toda aquela terra não se acharam mulheres tão formosas como as filhas de Jó; e seu pai lhes deu herança entre seus irmãos.

Depois disto, viveu Jó cento e quarenta anos; e viu a seus filhos e aos filhos de seus filhos, até à quarta geração. Então, morreu Jó, velho e farto de dias. (Jó 42:10, 12-13, 15-16)

VENCENDO O MEDO DE FRACASSAR

Uma das maneiras mais práticas de vencer o medo do fracasso é pela autoafirmação e afirmação do Alto. Deus, na sua Palavra, nos reafirma continuamente: *Vós, porém, sois raça eleita, sacerdócio real, nação santa, povo de propriedade exclusiva de Deus* (1 Pedro 2:9). Repetidos personagens recebem a mesma palavra que Josué recebeu: *Não to mandei eu? Sê forte e corajoso; não temas, nem te espantes, porque o Senhor, teu Deus, é contigo por onde quer que andares* (Josué 1:9).

Da experiência pessoal e de aconselhamento pastoral, posso formular uma lista de atitudes que cooperarão para você vencer o medo do fracasso. A começar por parar de se comparar com os outros, pois isso alimenta nosso medo de fracassar, visto que não somos definidos pelo padrão de outras pessoas.

Você não está sozinho! O ponto de partida para superar o medo do fracasso é perceber que ele é uma experiência universal. Todo mundo falha. O apóstolo Tiago é muito específico quanto a isso, ao dizer: *Porque todos tropeçamos em muitas coisas (Tiago 3:2).*

Podemos imaginar que Jó aplicou alguns desses princípios nos momentos de maiores lutas interiores:

1. Identifique exatamente do que você tem medo. Jó sabia quais eram os seus temores.
2. Crie a mentalidade: E se...? Jó oferecia sacrifícios pelos eventuais pecados dos filhos.
3. Mantenha o foco no processo e não apenas no resultado. Jó sabia que seus amigos o acusavam injustamente e não queria apenas ganhar uma discussão.
4. Considere a possibilidade de que algo pode não dar certo. Jó achava que Deus era justo em dar e tomar.
5. Lembre-se de que o fracasso é passageiro. Quando a sorte de Jó mudou, ele prosperou mais do que antes.
6. Descubra os benefícios de um fracasso. Ninguém é perfeito. Jó descobriu que seu conhecimento de Deus era muito limitado.
7. Deus nos ensina até quando falhamos. Jó passou a ter intimidade com Deus, e não apenas conhecimento a respeito dele.

8. O fracasso nos educa, ajudando a desenvolver nossas habilidades. Jó deixou de ser crítico e se tornou intercessor de seus amigos.

Deus é maior do que de as oportunidades perdidas. Ele é o Deus da segunda chance, da terceira chance, da quarta chance, da quinta chance. Não fique preso ao que não aconteceu no seu passado, e correndo o risco de perder o que vai acontecer no seu futuro.

Encha sua mente com a palavra de Deus e você não terá espaço para as mentiras de Satanás.

CAPÍTULO 5

PREJUÍZO AOS RELACIONAMENTOS

As nossas necessidades unem-nos, mas as nossas opiniões separam-nos.

MARQUÊS DE MARICÁ. ESCRITOR, FILÓSOFO E POLÍTICO BRASILEIRO. (1773-1848)

Acaso duas pessoas podem andar juntas se não estiverem de acordo? (Amós 3:3 NVT)

Como pastor – e ouvindo tanta gente nesses vinte e sete anos de ministério –, eu aconselho muitos casais com relacionamentos destruídos, vidas esvaziadas de qualquer propósito em comum.

Na maioria arrasadora das vezes, o medo é sempre um problema central: medo do futuro; medo de não ter dinheiro para os planos; medo de ter filhos; medo de educar os filhos; medo de assumir compromissos com o cônjuge e não conseguir cumpri-los, ocasionando o surgimento de uma cobrança interminável do tipo *você prometeu, mas não cumpriu*. O relacionamento começa a fracassar, em virtude de constantes disputas.

Essa ansiedade produzida pelo medo de fracassar gera excessiva dificuldade em viver o presente, de modo a prover os meios para o futuro. Como viver e conviver de maneira sadia com tal pressão diária?

O medo é um elemento altamente desestabilizador para os contatos humanos. Assim, ele também prejudica os nossos relacionamentos. Podemos, então, imaginar um desfile de numerosos efeitos danosos do medo para impedir laços construtivos.

CONTAMINADOS PELO MEDO

Poucas coisas são piores do que andar ao lado de uma pessoa medrosa. Nem para ir ao parque de diversão serve, porque você quer andar na montanha-russa e o medroso diz que só vai no carrossel infantil. Eu conheço casais que o casamento não foi para frente, o relacionamento naufragou porque o medroso roubou os sonhos da outra pessoa.

O medo é contagioso. Temos uma imagem muito comum das campanhas de vacinação de crianças das últimas décadas, quando os pequeninos aguardavam em fila a sua hora de serem vacinados. Acontecia o fenômeno do *contágio do medo*: bastava que uma criança, após ser vacinada, começasse a chorar, e o pânico se alastrava por todo o local de vacinação – postos de saúde, escolas, igrejas, onde quer que fosse possível abrigar pais e mães com a presença dos filhos, era possível ouvir a choradeira de longe.

Muitas vezes, a vacina era apenas uma gotinha na língua, mas a criança apenas reagia ao comportamento daquelas que estavam à frente das filas, perpetuando um círculo vicioso de medo, choro, correria de pais segurando os filhos. Medo contagiante – mesmo que sem motivo racional para tanto.

Ir ao dentista, até pouco tempo, era uma experiência desagradável para as crianças. Assim recomendam, hoje, os odontopediatras sobre como tratar desse risco de quando uma criança fica ouvindo na sala de espera os berros de outras que estariam fazendo algum tratamento:

> *Iniciar as visitas de rotina ao dentista traz muitas vantagens. Numa consulta de rotina, nenhum procedimento dói e os pais devem estar conscientes disto. A criança cresce se acostumando e formando um vínculo afetivo e de confiança com o dentista. A odontopediatra afirma também que é por essa razão que as crianças tendem a ter melhor comportamento quando já maiores no consultório odontológico. O relacionamento da família e do profissional com o bebê será muito melhor, envolvido em um ambiente carinhoso. A experiência da criança pode ser bem diferente da que seus pais tiveram.*[4]

Como me fez falta saber disso quando era criança (risos).

---

4. Disponível em: https://sorrisologia.com.br/w/a-importancia-de-levar-as-criancas-ao-dentista-odontopediatra-conta-como-essa-atitude-beneficia-os-pequenos_a2460. Acesso em: 1 jun. 2024.

GAFANHOTOS E GIGANTES

Um dos maiores exemplos nas Escrituras quanto ao perigo destruidor do contágio do medo é quando Moisés envia doze espias para observar a terra prometida, às vésperas de voltar a ser ocupada pelos hebreus.

> *Enviou-os, pois, Moisés a espiar a terra de Canaã; e disse-lhes: Subi ao Neguebe e penetrai nas montanhas. Vede a terra, que tal é, e o povo que nela habita, se é forte ou fraco, se poucos ou muitos. E qual é a terra em que habita, se boa ou má; e que tais são as cidades em que habita, se em arraiais, se em fortalezas. Também qual é a terra, se fértil ou estéril, se nela há matas ou não. Tende ânimo e trazei do fruto da terra. (Números 13:17-20)*

As instruções detalhadas tinham um objetivo claro: obter um relatório sobre a qualidade da terra, se era fértil ou não; o povo que lá vivia; a localização das cidades e os tipos de construções. Em nenhum momento foi pedido que os espias fizessem uma avaliação das possibilidades da ordem que havia sido dada: Tragam informações, pois vocês vão ocupar o lugar! Dois deles, Josué e Calebe, voltam com a percepção de bênção: Nós vamos vencer, pois Deus vai entregar a terra em nossas mãos.

Então, Calebe fez calar o povo perante Moisés e disse: Eia! Subamos e possuamos a terra, porque, certamente, prevaleceremos contra ela. (Números 13:30)

Os dez espias restantes, entretanto, que haviam observado a mesma terra e os mesmos habitantes, contaminaram o povo dizendo que não iria dar certo, contagiados por uma visão distorcida da realidade.

Porém os homens que com ele [Calebe] tinham subido disseram: Não poderemos subir contra aquele povo, porque é mais forte do que nós. E, diante dos filhos de Israel, infamaram a terra que haviam espiado, dizendo: A terra pelo meio da qual passamos a espiar é terra que devora os seus moradores; e todo o povo que vimos nela são homens de grande estatura.

Também vimos ali gigantes (os filhos de Anaque são descendentes de gigantes), e éramos, aos nossos próprios olhos, como gafanhotos e assim também o éramos aos seus olhos. (Números 13:31-33)

MARCHA DE LIBERTAÇÃO INTERROMPIDA

Gigantes? Gafanhotos? Terra devorando pessoas? Depois do relato fantasioso dos medrosos, todo o arraial começou a lamentar e murmurar:

> *Levantou-se, pois, toda a congregação e gritou em voz alta; e o povo chorou aquela noite.*
>
> *Todos os filhos de Israel murmuraram contra Moisés e contra Arão; e toda a congregação lhes disse: Tomara tivéssemos morrido na terra do Egito ou mesmo neste deserto! E por que nos traz o Senhor a esta terra, para cairmos à espada e para que nossas mulheres e nossas crianças sejam por presa? Não nos seria melhor voltarmos para o Egito? E diziam uns aos outros: Levantemos um capitão e voltemos para o Egito. (Números 14:1-4)*

Divididos entre a motivação de Calebe e Josué, confiantes no Senhor, e a histeria provocada pelo relato dos demais espias, o povo nem avança nem recua, ficando paralisados naquele lugar, a partir do qual, pelos quarenta anos seguintes, ficarão dando voltas no deserto: andando, movendo-se, mas sem sair do lugar! Paralisados!

FALTA DE CONCORDÂNCIA E UNIDADE

A mentalidade dos gafanhotos prevaleceu, e todo o povo recuou, não colocando seus pés na terra para a qual Deus havia prometido fazê-los retornar, de onde saíram no tempo de José, em busca de alimento no Egito.

Recorde-se de que, mais adiante no tempo, quando Deus chama Gideão para libertar o povo da opressão dos Midianitas, essa questão será tratada desde o início: De que lado você está?

Dos que avançam ou dos que retrocedem? Dos corajosos ou dos covardes?

> *Disse o Senhor a Gideão: É demais o povo que está contigo, para eu entregar os midianitas nas suas mãos; Israel poderia se gloriar contra mim, dizendo: A minha própria mão me livrou. Apregoa, pois, aos ouvidos do povo, dizendo: Quem for tímido e medroso, volte e retire-se da região montanhosa de Gileade. Então, voltaram do povo vinte e dois mil, e dez mil ficaram. (Juízes 7:2-3)*

Já imaginou 22.000 tímidos e medrosos em um universo de 32.000 pessoas?

A covardia e o medo são grandes empecilhos para uma jornada vitoriosa, e a presença de pessoas tímidas e medrosas em meio a um exército se torna um grande obstáculo. Então, Deus dá instrução ainda mais detalhada para seleção dos combatentes contra os midianitas:

> *Fez Gideão descer os homens às águas. Então, o Senhor lhe disse: Todo que lamber a água com a língua, como faz o cão, esse porás à parte, como também a todo aquele que se abaixar de joelhos a beber.*
>
> *Foi o número dos que lamberam, levando a mão à boca, trezentos homens; e todo o restante do povo se abaixou de joelhos a beber a água.*
>
> *Então, disse o Senhor a Gideão: Com estes trezentos homens que lamberam a água eu vos livrarei, e entregarei os midianitas*

nas tuas mãos; pelo que a outra gente toda que se retire, cada um para o seu lugar. (Juízes 7:5-7)

Procure estar cercado de pessoas que geram em você confiança e coragem.

PAIS QUE PREJUDICAM OS FILHOS

As famílias das tribos que se recusaram a tomar posse da terra foram prejudicadas pela insensibilidade dos seus líderes. Os que recuaram e ficaram rodando pelo deserto se dividem em duas categorias: os que, como Josué e Calebe, ensinam seus descendentes a renovarem a aliança com o Senhor, e aqueles que desconhecem totalmente as promessas de Deus para os hebreus.

Naquele tempo, disse o Senhor a Josué: Faze facas de pederneira e passa, de novo, a circuncidar os filhos de Israel. Então, Josué fez para si facas de pederneira e circuncidou os filhos de Israel em Gibeate-Haralote.

Foi esta a razão por que Josué os circuncidou: todo o povo que tinha saído do Egito, os homens, todos os homens de guerra, eram já mortos no deserto, pelo caminho. Porque todo o povo que saíra estava circuncidado, mas a nem um deles que nascera no deserto, pelo caminho, depois de terem saído do Egito, haviam circuncidado.

Porque quarenta anos andaram os filhos de Israel pelo deserto, até se acabar toda a gente dos homens de guerra que saí-

ram do Egito, que não obedeceram à voz do Senhor, aos quais o Senhor tinha jurado que lhes não havia de deixar ver a terra que o Senhor, sob juramento, prometeu dar a seus pais, terra que mana leite e mel. (Josué 5:2-6)

Conquistas não se realizam; empreendimentos não vão para a frente; sonhos não se concretizam, se relacionamentos são partidos, famílias divididas, sócios disputam as empresas.

Conheço histórias de famílias que, geração após geração, vivem prisioneiras do medo e da covardia. Pais contaminaram os filhos com o vírus do fracasso, que o transmitiram a seus filhos, numa cadeia previsível de gerações fracassando, uma após a outra.

EFEITOS DE LONGO PRAZO

Até uma geração inteira pode ser prejudicada por quem deveria abençoá-la, por medo de avançar com coragem para o alvo que Deus propôs desde o início do chamado de Moisés: tirar o povo do Egito e fazê-lo retornar e possuir a Terra de Canaã.

Esse malefício da paralisia se estendeu por toda a terra, por muitas gerações, mas já sendo percebido no tempo de Josué:

Era Josué, porém, já idoso, entrado em dias; e disse-lhe o Senhor: Já estás velho, entrado em dias, e ainda muitíssima terra ficou para se possuir. (Josué 13:1)

CAPÍTULO 6

PREPARANDO O CAMINHO PARA A LIBERTAÇÃO

A disciplina é mais forte do que o número; a disciplina, isto é, a perfeita cooperação, é um atributo da civilização.

JOHN STUART MILL. FILÓSOFO E ECONOMISTA BRITÂNICO. (1806-1873)

Mas o nobre projeta coisas nobres e na sua nobreza perseverará. (Isaías 32:8)

Todos nós, de tempos em tempos e diante dos desafios previsíveis da vida cristã, precisamos de uma palavra de encorajamento e também de exortação. As duas coisas são esforços importantes e necessários para o nosso progresso. Sempre é bom ouvir alguém dizendo que você nasceu para algo, que o que você faz é bem-feito, alguém que encoraja a prosseguir dizendo para não desanimar, pois Deus tem algo para a sua vida, que o sonho de

Deus para a sua vida vai acontecer, e depois, para você não desanimar, palavras de encorajamento o impulsionam a prosseguir.

Como é bom ouvirmos de alguém uma palavra de ânimo e encorajamento! Principalmente naqueles dias em que estamos abatidos e desanimados por uma série de situações. Mas, ao mesmo tempo, a palavra de exortação também é importante. Exortação no sentido de que, se você estiver esmorecendo, desanimando e precipitando-se numa espiral de negatividade, é importante alguém vir nos confrontar para reagirmos e evitarmos um dano ainda maior.

EQUILÍBRIO DURANTE O PERCURSO

Ao caminharmos para um destino dirigindo um automóvel, percorremos um caminho, uma rota. Os sinais de trânsito nos indicarão se estamos saindo da rota, se estamos andando na velocidade segura ou se estamos sendo imprudentes. De modo semelhante, se não estamos vivendo a vida conforme Deus espera que vivamos em qualquer esfera da nossa existência, precisamos ser alertados.

Ao mesmo tempo, precisamos de encorajamento que nos renove as forças, para que a exortação nos reconduza à rota e destinos prometidos por Deus a cada um de nós! Assim como aconteceu com Paulo, Deus *nos chamou com santa vocação*, e isso o apóstolo lembra ao seu discípulo Timóteo, conforme já ressaltamos anteriormente:

Por esta razão, pois, te admoesto que reavives o dom de Deus que há em ti pela imposição das minhas mãos. Porque Deus não nos tem dado espírito de covardia, mas de poder, de amor e de moderação. (2 Timóteo 1:6-7)

A exortação e o encorajamento fazem parte da dinâmica necessária para uma vida bem-aventurada. Na dose certa, ambas nos ajudam a vencer o medo.

Quem só vive de encorajamento não amadurece, mas, também, quem só vive de exortação não cresce, não desenvolve, não avança. Imagine você ser somente cobrado.

UMA DINÂMICA PARA O CRESCIMENTO

Ouço, às vezes, relatos de filhos que ficaram amargos em relação à vida porque receberam dos pais somente cobrança, unicamente exortação. Nunca ouviram dos pais uma palavra de carinho, amor, nem ouviram dos pais um aplauso, dizendo que o filho é amado.

O próprio Deus nos dá como exemplo a exaltação que faz a Jesus, quando este está às margens do Jordão para ser batizado por João:

Batizado Jesus, saiu logo da água, e eis que se lhe abriram os céus, e viu o Espírito de Deus descendo como pomba, vindo sobre ele. E eis uma voz dos céus, que dizia: Este é o meu Filho amado, em quem me comprazo. (Mateus 3:16-17)

Entretanto, ouvir somente mimos e palavras de encorajamento faz com que os filhos cresçam prejudicados, por excesso de agrados. Muitos filhos jamais ouviram um não, nunca foram repreendidos e exortados dentro de casa pelos pais, e quando vão enfrentar a vida, desmoronam, pois a realidade da vida adulta nem sempre é aquilo que se desenvolve no ambiente protegido da família.

Muitos pais, com a melhor das intenções, inclusive de poupar os filhos de sofrerem as carências que eles mesmos experimentaram, criam um universo paralelo dentro de casa, uma bolha de fantasias. Isso não prepara um filho para seguir adiante, quando irá enfrentar a vida adulta. Pois ele será exortado no trabalho, repreendido pelo chefe, confrontado por um colega, resistido em uma reunião e irá fazer bico, retrucar, achar ruim, ficar revoltado, e de nada adiantará.

PROFETAS NO LAR

O choque de realidade entre a infância e adolescência protegidas e o mundo real cobra um boleto com multas altíssimas, juros exorbitantes e uma correção monetária desproporcional. Mas a vida é assim, e a preparação para uma vida autônoma e equilibrada requer que estas duas coisas caminhem juntas, paralelamente: encorajamento e exortação do pai aos filhos, bem como entre os cônjuges.

Nesse sentido, os pais são verdadeiramente profetas do lar, aplicando aos filhos-discípulos os princípios espirituais presentes na Palavra, que regulam o crescimento dos filhos de Deus.

Como um pai na fé, é assim que o apóstolo Paulo se apresenta a Timóteo, este que é seu filho na fé e no ministério. Paulo vê em Timóteo um grande potencial a ponto de ele mesmo dizer que o dom de Deus na vida de Timóteo, ou seja, o talento, o presente que ele recebera de Deus, foi afirmado pelo apóstolo como registra 2 Timóteo 6:6, pela imposição das suas mãos. Paulo assim o comissiona para o santo ministério. Sem medo.

Há, porém, o outro lado da moeda: os pais podem se tornar portadores de uma mensagem destrutiva para os filhos, quando o ambiente no lar é de medo, desconfiança, agressões verbais entre os membros da família, criando um ambiente propício para que o espírito de medo faça mais vítimas.

DESTINO PROGRAMADO?

Contam-se muitas histórias sobre *comportamentos herdados*, para o bem ou para o mal, quando os filhos são submetidos continuamente a um padrão de condutas dos seus pais. Por exemplo, hipoteticamente, podemos imaginar dois irmãos gêmeos criados em um ambiente familiar de um pai viciado em bebida alcoólica. Esse desvio paterno poderá incutir em cada um dos filhos procedimentos diametralmente opostos, embora originados pelo mesmo estímulo.

O primeiro filho, vendo a força do vício subjugar inteiramente seu pai, pode se tornar prisioneiro do pensamento "tal pai, tal filho", isto é, eu serei como ele no futuro, não tenho como escapar desse destino.

Já o segundo filho, vendo os males causados no lar pelos constantes conflitos de um pai embriagado, desenvolve um firme propósito: *Meu pai é assim, mas eu jamais serei como ele!*

Podemos pensar que um pesquisador social, sem conhecer o passado desses irmãos, fizesse uma única pergunta a respeito do comportamento deles hoje em dia na sociedade (o primeiro, constantemente embriagado, e o segundo, não ingerindo nem uma gota sequer de bebida alcoólica): Por que você age desse modo em relação à bebida alcoólica? Os dois dariam possivelmente a mesma resposta: Por causa do pai que eu tive! Mas, certamente, com motivações realmente opostas: Meu pai foi assim, eu não tenho como evitar, serei como ele! Já o outro diria: Meu pai foi assim, eu jamais serei como ele!

Bons exemplos pessoais, comportamentos que estimulem a autodisciplina e uma série de sementes abençoadoras de palavras lançadas sobre os filhos são boas formas de programar um destino positivo para eles, livres do medo de fracassarem. Vejamos o exemplo bíblico da bênção sacerdotal de Arão.

A BÊNÇÃO PRATICADA

> *Disse o Senhor a Moisés: Fala a Arão e a seus filhos, dizendo: Assim abençoareis os filhos de Israel e dir-lhes-eis: O Senhor te abençoe e te guarde; o Senhor faça resplandecer o rosto sobre ti e tenha misericórdia de ti; o Senhor sobre ti levante o rosto e te dê a paz.*
>
> *Assim, porão o meu nome sobre os filhos de Israel, e eu os abençoarei. (Números 6:23-24)*

A bênção entre gerações tem maior poder e eficácia sobre a vida dos filhos do que qualquer desvio comportamental dos pais, ou de um ambiente negativo no lar.

A prática relatada em Números 6:23-24 é uma garantia dada a todas as gerações dos filhos de Deus que viverem até que o Senhor venha segunda vez. Peço licença a você para registrar com detalhes este ensino bíblico do poder que temos de abençoar, muito acima de qualquer ameaça lançada sobre os nossos filhos, em todas as gerações.

As circunstâncias que envolvem essa denominada Bênção Sacerdotal são fortemente tipificadas por meio de figuras identificadas como:

1. A libertação da escravidão no Egito é tipo da obra da Cruz em nos libertar do poder do pecado, pois Jesus é "o Cordeiro de Deus, que tira o pecado do mundo" (João

1:29). De modo análogo, a "travessia do deserto" é identificada como a "nossa peregrinação" (cf. 1 Pedro 1:17).

2. Esta bênção é uma ordenança do Senhor a ser praticada entre gerações, pois Deus ordena a Moisés (tipo de "pai da nação"), para que ordene a Arão e seus filhos (tipos de "sacerdotes da nação") que abençoem "os filhos de Israel" (tipo do povo de Deus).
3. Somos feitos filhos de Deus por meio da adoção em Cristo, testificada pelo Espírito Santo (cf. Gálatas 4:4-7).
4. Nesta adoção, recebemos o "nome do Pai" sobre as nossas vidas, isto é, recebemos um "sobrenome" que nos garante pedirmos a Deus o que nos é por direito de herança: a sua bênção.
5. Em conexão com a declaração de que, como cristãos, somos os descendentes do Messias (Isaías 61:9) e conhecidos como "família bendita do Senhor", reconhecemos que somos também herdeiros da bênção sacerdotal de Arão.
6. Essa bênção nos garante: proteção, bondade, misericórdia, amor e paz, "porque maior é aquele que está em vós do que aquele que está no mundo" (1 João 4:4). Os falsos profetas não terão poder sobre nossos filhos.

Pais, formulem projetos nobres para seus filhos. Não tenham medo de criá-los mesmo em cenários muito adversos: abençoe-os, sempre! Criem seus filhos num ambiente livre do espírito de medo, repleto da verdade da Palavra de Deus.

> *Pois todos os que são guiados pelo Espírito de Deus são filhos de Deus. Porque não recebestes o espírito de escravidão, para viverdes, outra vez, atemorizados, mas recebestes o espírito de adoção, baseados no qual clamamos: Aba, Pai. O próprio Espírito testifica com o nosso espírito que somos filhos de Deus. (Romanos 8:14-17)*

Creiam na promessa divina dada aos que obedecem ao mandamento de ensinar os filhos ao longo do seu crescimento físico, mental e espiritual:

> *Ensina a criança no caminho em que deve andar, e, ainda quando for velho, não se desviará dele. (Provérbios 22:6)*

O MEDO:
O QUE ELE É

2

CAPÍTULO 7

A ORIGEM DO MEDO

Escravo do medo: eis a pior forma de escravidão.

GEORGE BERNARD SHAW. DRAMATURGO E CRÍTICO IRLANDÊS. (1856-1950)

O homem respondeu: Eu ouvi a tua voz, quando estavas passeando pelo jardim, e fiquei com medo porque estava nu. Por isso me escondi. (Gênesis 3:10 – NTLH)

O pastor e teólogo Dietrich Bonhoeffer, mártir cristão na Segunda Grande Guerra, foi executado na prisão, às vésperas da vitória dos aliados, que lutavam contra os exércitos de Hitler. Bonhoeffer foi condenado por haver conspirado contra a vida do ditador.

Sob a escuridão daqueles dias tenebrosos, ele compôs uma das mais vívidas descrições do que o espírito de medo faz ao coração do homem. Transcrevo apenas um trecho daquele sermão, mas, no *link* ao final do texto transcrito, você poderá ter acesso ao conteúdo na íntegra, em inglês, que é bem mais extenso.

O SERMÃO: SUPERANDO O MEDO

Mateus 8:23–27: E quando ele entrou no barco, seus discípulos o seguiram. Uma tempestade de vento se levantou no mar, tão grande que o barco estava sendo inundado pelas ondas; mas ele estava dormindo.

E foram acordá-lo, dizendo: "Senhor, salva-nos! Estamos morrendo!" E ele lhes disse: "Por que vocês estão com medo, vocês de pouca fé?" Então ele se levantou e repreendeu os ventos e o mar; e houve uma calma mortal. Eles ficaram surpresos, dizendo: "Que espécie de homem é este, que até os ventos e o mar lhe obedecem?"

A superação do medo isso é o que proclamamos aqui. A Bíblia, o evangelho, Cristo, a igreja, a fé todos são um grande grito de guerra contra o medo na vida dos seres humanos. O medo é, de uma forma ou de outra, o próprio arqui-inimigo. Ele se agacha no coração das pessoas. Ele esvazia suas entranhas, até que sua resistência e força se esgotem e eles de repente se rompam (...).

E qualquer um que tenha visto o medo revelado, que foi vítima de uma solidão terrível; medo de uma decisão importante; medo de um golpe pesado do destino, perder o emprego, uma doença; medo de um vício ao qual não se pode mais resistir, ao qual se está escravizado; medo da desgraça; medo de outra pessoa; medo de morrer, essa pessoa sabe que o medo é apenas uma das faces do próprio mal, uma forma pela qual o mundo, em inimizade com Deus, agarra alguém.

Nada pode tornar um ser humano tão consciente da realidade dos poderes opostos a Deus em nossas vidas quanto essa solidão, esse desamparo, essa névoa se espalhando sobre tudo, essa sensação de que não há saída e esse impulso delirante de sair deste inferno de desesperança (...).

Digamos que haja um navio em alto-mar, tendo uma luta feroz com as ondas. O vento da tempestade está soprando mais forte a cada minuto. O barco é pequeno, balançado como um brinquedo; o céu está escuro; a força dos marinheiros está diminuindo. Então um deles é agarrado (...) Ele sente seus músculos congelarem, sente que eles estão perdendo a força. Então, o desconhecido alcança seu coração e mente e magicamente traz à tona as imagens mais estranhas. Ele vê sua família, seus filhos chorando. O que será deles se ele não existir mais?

Então, ele parece estar de volta onde estava quando seguiu os caminhos do mal, em longos anos de escravidão ao mal, e ele vê os rostos de seus companheiros naquela escravidão. Ele vê um vizinho que feriu, ainda ontem, com uma palavra de raiva (...) e no desespero final ele grita: Estranho neste barco, quem é você? E a outra (voz) responde: Eu sou o medo. Agora o grito sobe de toda a tripulação: O medo está no barco; todos os braços estão congelados e baixam seus remos; toda esperança está perdida (...). Então, é como se os céus se abrissem, como se as próprias hostes celestiais levantassem um grito de vitória em meio à desesperança: Cristo está no barco. Cristo está no barco e, assim que o chamado é feito e ouvido, o medo recua e as ondas diminuem. O

> *mar fica calmo e o barco descansa em sua superfície tranquila. Cristo estava no barco! (...)*
>
> *Eles ficaram surpresos, dizendo: "Que espécie de homem é este, que até os ventos e o mar lhe obedecem?" Podemos compreender bem o seu espanto. Que tipo de pessoa é essa sobre a qual o medo não tem efeito, que vence o medo na vida humana e tira seu poder? Ao fazer essa pergunta, já estamos de joelhos diante dele, orando a ele, apontando para ele, o fazedor de maravilhas, e dizendo: Este é Deus! Um homem.*[5]

ALGO EM COMUM

Ter medo é algo normal. Quem não tiver medo de alguma coisa, que atire a primeira pedra. Todo mundo tem medo de algo. Eu conheço homens que têm medo de barata, o tipo de medo que faz marmanjo subir em cadeira. Mas é medo de chamar a esposa e fazer escândalo.

De onde vem esse sentimento chamado medo? Começou no Éden, após a Queda do primeiro casal:

> *Quando ouviram a voz do Senhor Deus, que andava no jardim pela viração do dia, esconderam-se da presença do Senhor Deus, o homem e sua mulher, por entre as árvores do jardim. E chamou o Senhor Deus ao homem e lhe perguntou: Onde estás? Ele res-*

5. Disponível em: https://politicaltheology.com/overcoming-fear-sermon-dietrich-bonhoeffer/. Acesso em 1 jun. 2024. Tradução livre.

pondeu: Ouvi a tua voz no jardim, e, porque estava nu, tive medo, e me escondi. (Gênesis 3:8-10)

Nesse versículo, a palavra medo aparece pela primeira vez na Bíblia. Isso prova que o medo existe, que é real e antigo. Gênesis mostra que o medo foi fruto de um erro. Fruto do pecado. O medo não apareceu do nada. Foi resultado de uma ação. A consequência de uma escolha errada. O primeiro homem passou a sentir medo por causa do pecado. Quando ele pecou, a paz que ele gozava foi substituída por desassossego e temor.

Adão havia desfrutado da provisão de Deus, no Jardim do Éden; agora, desenvolve-se o mecanismo previsto na desobediência ao mandamento de Deus: o homem se reconhece sem defesa, sem ter como se esconder do Criador, e, mesmo assim, quer se esconder, como que fugindo da inevitável consequência da sua rebelião. Este é exatamente um dos sentidos do vocábulo hebraico *yare* na expressão *tive medo*: ficar amedrontado, aterrorizado (ref. Strong, *Bíblia on-line*).

Anteriormente, quando Deus havia criado o homem, cercou-o de todos os cuidados para que pudesse usufruir o melhor de toda a provisão que a natureza poderia oferecer ao primeiro casal. A tarefa deles seria, tão somente, conservar o que lhes havia sido disponibilizado graciosamente:

Criou Deus, pois, o homem à sua imagem, à imagem de Deus o criou; homem e mulher os criou. E Deus os abençoou e lhes disse:

Sede fecundos, multiplicai-vos, enchei a terra e sujeitai-a; dominai sobre os peixes do mar, sobre as aves dos céus e sobre todo animal que rasteja pela terra. E disse Deus ainda: Eis que vos tenho dado todas as ervas que dão semente e se acham na superfície de toda a terra e todas as árvores em que há fruto que dê semente; isso vos será para mantimento. E a todos os animais da terra, e a todas as aves dos céus, e a todos os répteis da terra, em que há fôlego de vida, toda erva verde lhes será para mantimento. E assim se fez. (Gênesis 1:27-30)

Tendo desobedecido ao limite determinado pelo Criador, conhecido como a Queda, a culpa imediatamente transtorna a mente do homem e da mulher, que passam a buscar uma saída para as consequências do seu ato. Sentem-se abandonados, sem proteção, ao sabor do castigo que sofreriam pela sua escolha errada. Que mais poderiam sentir, senão um sentimento de abandono, de perda do amor do Criador? Cumpre-se na vida do primeiro casal o que o apóstolo João virá explicar futuramente:

Portanto, aquele que sente medo não tem no seu coração o amor totalmente verdadeiro, porque o medo mostra que existe castigo. (1 João 4:18 – NTLH)

A partir da Queda, cada vez mais, individual e coletivamente, o medo vai se alastrar por todos os arranjos e aglomerações humanas, das formas mais simples e primitivas às mais avançadas e sofisticadas. E muitos serão os nomes que irão descrever os mais diversos tipos e manifestações desse sentimento, quase sempre seguidos do sufixo "fobia" – para fazer lembrar a sua natureza.

DUAS LUAS DE MARTE: MEDO E PÂNICO

Na mitologia greco-romana, Júpiter (Zeus) era o rei dos deuses e de todos os homens. Sua esposa Hera (Juno) concedeu-lhe filhos, dentre os quais Ares (Marte), o Deus da Guerra, Apolo (Febo), o Arqueiro, identificado com o Sol, e Diana, a Caçadora, identificada com a Lua. Nessa simbologia, os antigos fizeram uma correlação com as duas luas de Marte (deus da Guerra). Primeiro, com o medo individual do guerreiro (a Lua Fobos, de onde deriva o termo fobia, medo); em seguida, com o medo coletivo associado ao pânico, ao terror provocado pela guerra (a Lua Deimos, termo grego para pânico ou terror).[6]

Um dos episódios mais famosos sobre o medo individual e o pânico coletivo trata da transmissão radiofônica de uma peça teatral, em 1938, no ambiente de expectativa de uma guerra devido à ascensão do nazismo na Europa:

> *A Guerra dos Mundos é um episódio da série antológica de radioteatro, que foi dirigido e narrado pelo ator e futuro cineasta Orson Welles, o episódio foi uma adaptação do romance* A Guerra

6. BULFINCH, Thomas. *O livro de ouro da mitologia*. Rio de Janeiro: Ediouro, 2006.

dos Mundos (1898), de H. G. Wells. Ficou famoso por supostamente causar pânico em massa.

O programa de uma hora começou com um anúncio de que o espetáculo da noite era uma adaptação de A Guerra dos Mundos. As primeiras atualizações interrompem um programa de dance music e descrevem uma série de explosões estranhas observadas em Marte. Isto é seguido por um relato aparentemente não relacionado de um objeto incomum caindo em uma fazenda em Grover's Mill, Nova Jersey.

Outro breve interlúdio musical é interrompido por uma transmissão ao vivo de Grover's Mill, onde policiais e uma multidão de espectadores curiosos cercam o estranho objeto cilíndrico. A ilusão de realismo foi reforçada porque o The Mercury Theatre on the Air era um show sem interrupções comerciais e a primeira pausa no programa ocorreu quase 30 minutos após a introdução.

Nos dias após a adaptação, a indignação generalizada foi expressa na mídia. O formato de boletim de notícias do programa foi descrito como enganoso por alguns jornais e figuras públicas, levando a um clamor contra os perpetradores da transmissão e pedidos de regulamentação pela Comissão Federal de Comunicações. O episódio garantiu a fama de Welles como dramaturgo [texto condensado].[7]

7. Disponível em: https://pt.wikipedia.org/wiki/A_Guerra_dos_Mundos. Acesso em: 1 jun. 2024.

O que esse episódio ilustra? Como já comentamos, que uma pessoa com medo começa a enxergar o que não existe. A locução do programa criou um clima em que cada pessoa poderia visualizar o que quisesse, a partir das informações de que dispunha para interpretar os fatos.

O medo produz o efeito de misturar a realidade com a imaginação, podendo conduzir ao pânico um grande número de pessoas, pois ele sempre desperta um senso de culpa, que leva as pessoas a fugir de um perigo imaginário que as ameace.

CAPÍTULO 8

A ILUSÃO DA AUTOCONFIANÇA

Água mole em pedra dura: tanto bate até que fura!

DITADO POPULAR RELACIONADO AO PODER DA PERSEVERANÇA.

O temor do Senhor é o princípio da sabedoria, e o conhecimento do Santo é prudência. Porque por mim se multiplicam os teus dias, e anos de vida se te acrescentarão. (Provérbios 9:10-11)

Se abandonamos o temor do Senhor e o substituímos pela autoconfiança exagerada, podemos estar dando oportunidade, sem percebermos, para o medo encontrar, sutilmente, espaço em nosso coração. Aos poucos, ele fará você expor suas fragilidades e, ao se entregar exclusivamente a suas próprias forças, o levará, fracasso após fracasso, a uma situação de desespero.

MEDOS PÓS-MODERNOS

Muitos estudiosos afirmam que se desenvolveu, e mais fortemente ainda nos nossos dias, um medo, uma fobia, chamada nomofobia, medo de ficar sem celular. Parece brincadeira?! A pessoa diz: *Não posso ficar sem celular; vou ficar incomunicável. Como vou ficar sem os dados?* Muitos desenvolvem uma crise de ansiedade se o celular não funciona: *Aqui eu não fico; aqui não tem rede. Aqui não está bom, onde já se viu?*

Há alguns anos, houve uma pane mundial praticamente simultânea no WhatsApp e nos aplicativos Instagram e Facebook, que ficaram por horas fora do ar. Registraram-se inúmeros relatos de pessoas que tiveram crise de ansiedade e ataques de pânico gerados pelo medo de ficarem incomunicáveis e não atualizados com as postagens. Muitos checavam a cada 10 segundos se o problema já tinha sido solucionado. Outros tentavam insistentemente atualizar o aplicativo para ver se havia voltado a funcionar.

Outros têm medo de voar, e não entram em avião. Muitos precisam se dopar se voar for de extrema necessidade. Precisa estar sob ação de medicamentos, o que pode levar a um descontrole emocional. Certa vez, em um voo internacional, vi uma pessoa que estava com tanto medo de voar, que exagerou no remédio e ficou eufórica. Conversava com todo mundo, ria alto, comportava-se de modo extravagante, exagerado, facilmente reconhecido como alguém fora de si. Parece um caso isolado? Algo específico de uma pessoa específica? Acredito que não, e relato um acontecimento que colabora para a ideia de que o medo se espalha rapidamente.

ESPALHANDO PELO AR

Certa ocasião, estava voltando de Brasília em um voo quando, inesperadamente, entramos no meio de uma severa tempestade que atingia o aeroporto da cidade de Campinas. O comandante seguiu todas as orientações e começou o procedimento de aproximação e descida quando de repente uma forte e severa turbulência nos atingiu. Eu já voei bastante e enfrentei algumas outras adversidades, mas nada que se comparasse ao que estávamos vivenciando.

Após algumas tentativas e um silêncio mórbido dentro do avião devido aos fortes ventos que atingiam a aeronave, o comandante informou aos passageiros que infelizmente não poderia realizar a aterrisagem. Ele pediu perdão pelos fortes chacoalhões e disse que estaríamos nos distanciando do aeroporto até que ele recebesse maiores orientações da torre. Finalmente, ele voltou a falar com os passageiros informando que estávamos mudando a rota para Curitiba. Então, aterrissamos seguros naquela cidade, graças a Deus.

Logo em seguida, o comandante informou que precisaríamos aguardar uma orientação da companhia aérea informando se desembarcaríamos ou voltaríamos para Campinas, nosso destino original. Diante disso, várias pessoas, dominadas pelo medo produzido pela experiência recente, resolveram desembarcar. Começou por uma pessoa, que saiu trêmula e pálida, em seguida outra, e mais outra, e mais outra, dizendo que naquele voo elas não ficariam mais. O medo de um contagiou outros.

O medo tem esse poder de se disseminar rapidamente, e abala a segurança que as pessoas aparentam quando se baseiam em confiança. Antes de embarcarem, todo o protocolo de início do voo apresentava as condições para uma viagem tranquila. Ao mudarem as condições climáticas, o medo de um desastre se espalhou rapidamente.

AUTOCONFIANÇA E TEMOR A DEUS

Um caso curioso relatado na Bíblia é o do rei Asa, de Judá, da dinastia de Saul, que permaneceu fiel ao Trono de Davi. Diferente de abandonar os princípios de Deus por temor dos homens, o seu caso chama a atenção, pois foi diferente: ao ser abençoado e amplamente sustentado pelo Senhor por todo o seu tempo de reinado, aos poucos ele abdicou dessa dependência para tornar-se autossuficiente.

Em verdade, imprudência e orgulho agiram contra Asa, como veremos adiante, fazendo-o abandonar o temor a Deus, não percebendo o perigo que isso seria para a sua vida.

A história está registrada em 1 Reis 15 e 16, com enfoque histórico sobre Israel, o Reino do Norte, e também em 2 Crônicas 13 a 16, a partir dos descendentes de Davi.

Aliás, desde o início de seu reinado, Asa se depara com grandes desafios, mas ele está imbuído do mesmo sentimento que havia anteriormente no coração de Davi:

> *No vigésimo ano de Jeroboão, rei de Israel, começou Asa a reinar sobre Judá. Quarenta e um anos reinou em Jerusalém. Era o nome de sua mãe Maaca, filha de Absalão.*
>
> *Asa fez o que era reto perante o Senhor, como Davi, seu pai. Porque tirou da terra os prostitutos-cultuais e removeu todos os ídolos que seus pais fizeram; e até a Maaca, sua mãe, depôs da dignidade de rainha-mãe, porquanto ela havia feito ao poste-ídolo uma abominável imagem; pois Asa destruiu essa imagem e a queimou no vale de Cedrom; os altos, porém, não foram tirados; todavia, o coração de Asa foi, todos os seus dias, totalmente do Senhor. (1 Reis 15:9-14)*

UM BOM COMEÇO

A influência maior no coração do jovem rei Asa era o temor a Deus, uma atitude sábia, reverente, de dependência prudente, algo de extrema importância para todos nós, que desejamos viver uma vida abençoada. Isso foi de grande valia quando enfrentou seu primeiro grande desafio, a ameaça de invasão de Zerá, o etíope, na região de Maressa, cerca de 40 quilômetros a sudoeste de Jerusalém.

O livramento de Asa veio pela sua atitude de haver promovido reformas religiosas e melhorado as defesas do reino, mas sempre priorizando exaltar o nome do Senhor:

> *Ordenou a Judá que buscasse ao Senhor, Deus de seus pais, e que observasse a lei e o mandamento. Também aboliu de todas as cidades de Judá o culto nos altos e os altares do incenso; e houve paz no seu reinado. Edificou cidades fortificadas em Judá, pois havia paz na terra, e não houve guerra contra ele naqueles anos, porquanto o Senhor lhe dera repouso. Disse, pois, a Judá: Edifiquemos estas cidades, cerquemo-las de muros e torres, portas e ferrolhos, enquanto a terra ainda está em paz diante de nós, pois temos buscado ao Senhor, nosso Deus; temo-lo buscado, e ele nos deu repouso de todos os lados.*
>
> *Edificaram e prosperaram. Tinha Asa, no seu exército, trezentos mil de Judá, que traziam pavês e lança, e duzentos e oitenta mil de Benjamim, que traziam escudo e atiravam com arco; todos eram homens valentes. (2 Crônicas 14:4-8)*

A espetacular vitória do rei Asa sobre o exército de um milhão de guerreiros de Zerá abriu caminho para uma reforma mais extensa do Reino do Sul, incluindo pessoas das tribos de Efraim, Manassés e Simeão. Houve paz na região – apesar da constante animosidade do Reino do Norte, dada a proximidade temporal da divisão dos reinos, pois Asa era da terceira geração após o cisma.

AUTOCONFIANÇA DESASTROSA

A partir dessa conquista de paz, os feitos de Asa vão repercutindo no Reino, nas vizinhanças, nas novas reformas do culto, nas defesas militares, no crescimento econômico e, pouco a pouco, a autoconfiança vai deslocando o temor a Deus pela autossuficiência.

Por outro lado, o resplendor do Reino vai gerando um brilho que ofusca a glória de Deus. Anteriormente, Azarias, o profeta, se levantara para prevenir Asa desse deslize que poderia levá-lo à ruína (cf. 2 Crônicas 15:1-8).

Por vinte anos houve paz em Judá e Benjamin, mas então se levantou Baasa, rei de Israel, para dar continuidade ao permanente conflito entre os reinos divididos. Para vencer essa nova batalha, Asa não se voltou para Deus, mas buscou aliança com Ben-Hadade, rei da Síria, nação pagã:

> *Então, Asa tomou prata e ouro dos tesouros da Casa do Senhor e dos tesouros da casa do rei e enviou servos a Ben-Hadade, rei da Síria, que habitava em Damasco, dizendo: Haja aliança entre mim e ti, como houve entre meu pai e teu pai. Eis que te mando prata e ouro; vai e anula a tua aliança com Baasa, rei de Israel, para que se retire de mim. (2 Crônicas 16:2-3)*

Em seu íntimo, o temor a Deus foi sendo substituído por orgulho, aliança com Ben-Hadade, vitória a qualquer preço sobre

Baasa. O seu fim melancólico irá selar essa perda de temor ao Senhor, pois agora depende da opinião favorável de aliados duvidosos quando adoece, e confia mais nos médicos do que em Deus:

> *No trigésimo nono ano do seu reinado, caiu Asa doente dos pés; a sua doença era em extremo grave; contudo, na sua enfermidade não recorreu ao Senhor, mas confiou nos médicos. (2 Crônicas 16:12)*

O medo pode, de forma sutil, nos levar a desenvolver um sentimento enganoso e perigoso de confiar mais nas circunstâncias e pessoas do que em Deus.

> *Temer as pessoas é uma armadilha perigosa. (Provérbios 29:25)*

Asa, seguro de suas conquistas, confiava nos melhores médicos que era possível encontrar na ocasião quando ficou enfermo – e não há nada de errado em buscar ajuda médica nessas ocasiões. Mas, no seu coração, rejeitou confiar em Deus. E isso lhe ocasionou a morte, pois deixou de temer as consequências de deixar de lado o temor a Deus. Iludido, imaginou-se imune ao perigo.

O espírito de medo age de forma agressiva como o pânico, mas também de maneira sutil, como no caso da autoconfiança exagerada. O que reforça a sua vocação tirânica sobre o espírito humano.

CAPÍTULO 9

A TIRANIA DO MEDO

Digno de liberdade só é quem sabe conquistá-la todos os dias.

JOHANN W. GOETHE. ESCRITOR, FILÓSOFO E CIENTISTA ALEMÃO. (1749-1832)

Os laços da morte estavam me apertando, os horrores da sepultura tomaram conta de mim, e eu fiquei aflito e apavorado. Então clamei ao Senhor, pedindo: "Ó Senhor Deus, eu te peço: Salva-me da morte!"

O Senhor é bondoso e fiel; o nosso Deus tem compaixão de nós. O Senhor protege os que não podem se defender. Quando eu estava em perigo, ele me salvou. Meu ser inteiro, continue confiando em Deus, o Senhor, pois ele tem sido bom para mim! (Salmo 116:3-7 NTLH)

A recente pandemia notabilizou-se pela banalização do medo em todos os sentidos, a começar pela doença espalhada quase ao mesmo tempo para todos os lugares. O prefixo grego *pan* significa todo e *demia* é relativo ao povo. Isto é, algo que alcança a totalidade das pessoas.

Consciente da sua queda, o homem precisa demonstrar-se arrependido da sua desobediência. Somente assim ele renovaria a sua aliança com Deus por meio do sacrifício de sangue instituído pelo próprio Deus ainda no Éden, quando animais foram mortos para fornecer pele sangrenta para cobrir o pecado de Adão e Eva:

> *Fez o Senhor Deus vestimenta de peles para Adão e sua mulher e os vestiu. (Gênesis 3:21)*

Desde então, a corrupção do gênero humano cresceu, espalhou-se e se impregnou em todas as esferas da vida, disseminando-se por todos os lugares por onde se espalharam os errantes descendentes do primeiro casal. E o medo é uma dessas consequências.

A multiplicação desenfreada dos resultados do pecado se tornou de tal ordem que, ao tempo de Noé, os efeitos do sacrifício de sangue não mais podiam conter a maldade humana, tendo Deus decretado a destruição da terra e dos seus habitantes:

> *A terra estava corrompida à vista de Deus e cheia de violência. Viu Deus a terra, e eis que estava corrompida; porque todo ser vivente havia corrompido o seu caminho na terra. Então, disse Deus a Noé: Resolvi dar cabo de toda carne, porque a terra está cheia da violência dos homens; eis que os farei perecer juntamente com a terra. (Gênesis 6:11-13)*

Entre os conterrâneos de Noé, ocorreu uma insensibilidade global, uma pandemia de nenhum temor a Deus. Nada amedrontava as pessoas, que viviam furiosamente guiadas e escravizadas a um modo violento de ser, ignorando completamente que um dia prestariam contas de suas vidas ao Criador.

A MORTE DE DEUS

O poder, o conhecimento e as riquezas acumuladas por poderosos na terra parecem conferir a estes orgulho e autossuficiência para decretarem a morte de Deus – um retrato do niilismo que Nietzsche preconizava, *doutrina segundo a qual nada existe de absoluto (...) Não existe qualquer verdade moral ou hierarquia de valores.*[8] Assim tentam viver os homens sem fé no Criador.

As consequências atuais dessa expulsão de Deus das suas vidas nos é descrita profeticamente pelas palavras de Jesus em seu sermão escatológico:

> *Nesse tempo, muitos hão de se escandalizar, trair e odiar uns aos outros; levantar-se-ão muitos falsos profetas e enganarão a muitos. E, por se multiplicar a iniquidade, o amor se esfriará de quase todos. Aquele, porém, que perseverar até o fim, esse será salvo. E será pregado este evangelho do reino por todo o mundo, para testemunho a todas as nações. Então, virá o fim. (Mateus 24:10-14)*

8. LALANDE, André. *Vocabulário técnico e crítico da filosofia*. São Paulo: Martins Fontes, 1996. Verbete: niilismo.

Em outras palavras, como já salientado em trechos anteriores deste livro, todos os homens estariam sujeitos à tirania do espírito de medo, pois o amor ausente permite o crescimento e a generalização do medo (cf. 1 João 4:18).

Como pode o homem viver atormentado, sem alegria? Não é esse o triste retrato maior da tirania do medo sobre o coração humano? Não é a perda de sentido na vida, por sentir-se aprisionado pelo medo, que conduz tantas vidas às crises de ansiedade, pânico, depressão e um sem-número de novas enfermidades da alma classificadas pela ciência dos homens?

AUSÊNCIA DE ALEGRIA

O medo nunca trouxe alegria a ninguém. Ao contrário, as aflições naturais decorrentes da vida neste mundo podem ser superadas, como nos assegura o Senhor Jesus:

> *Eis que vem a hora e já é chegada, em que sereis dispersos, cada um para sua casa, e me deixareis só; contudo, não estou só, porque o Pai está comigo. Estas coisas vos tenho dito para que tenhais paz em mim. No mundo, passais por aflições; mas tende bom ânimo; eu venci o mundo. (João 16:32-33)*

A Palavra de Deus nos enche de alegria, renova o nosso ânimo, como aconteceu com o apóstolo Paulo em sua caminhada para cumprir o propósito de sua vida. Ele reconhece ser esse um desafio para os filhos de Deus, em todos os tempos, ao nos descrever como Ele nos sustentará em cada situação que pareça ter chegado a um limite insuportável:

> *Em tudo somos atribulados, porém não angustiados; perplexos, porém não desanimados; perseguidos, porém não desamparados; abatidos, porém não destruídos; levando sempre no corpo o morrer de Jesus, para que também a sua vida se manifeste em nosso corpo.*
>
> *Porque nós, que vivemos, somos sempre entregues à morte por causa de Jesus, para que também a vida de Jesus se manifeste em nossa carne mortal. (2 Coríntios 4:8-11)*

Você entendeu? É possível enfrentar as crises e as dificuldades e não se deixar vencer por elas.

A PROMESSA FEITA A JOSUÉ

A Bíblia é bem clara ao ordenar que não devemos temer diante dos desafios que somos confrontados a vencer, como parte do propósito de Deus para as nossas vidas. Tendo Moisés saído de cena na condução do Povo de Deus ao final da travessia do deserto, o Senhor ordenou que Josué fosse forte e corajoso, que não temesse nem se espantasse com a dimensão da tarefa de dar continuidade à obra de Moisés.

Josué não precisaria temer o dever a ser cumprido, pois seria amparado como Moisés foi:

> *Ninguém te poderá resistir todos os dias da tua vida; como fui com Moisés, assim serei contigo; não te deixarei, nem te desampararei. Sê forte e corajoso, porque tu farás este povo herdar a terra que, sob juramento, prometi dar a seus pais.*
>
> *Tão somente sê forte e mui corajoso para teres o cuidado de fazer segundo toda a lei que meu servo Moisés te ordenou; dela não te desvies, nem para a direita nem para a esquerda, para que sejas bem-sucedido por onde quer que andares. (Josué 1:5-7)*

O primeiro inimigo a ser vencido em um processo de conquista é o medo. Podemos sempre nos imaginar atravessando situações desafiadoras, como a de Josué sucedendo a Moisés, ou trilhando caminhos tenebrosos descritos por Davi como o *vale da sombra da morte* (cf. Salmo 23), mas logo somos socorridos por Aquele que nos prepara um banquete diante dos nossos adversários.

Para Josué, a perda do líder a quem servira por tanto tempo, Moisés, não deveria ser tão angustiante quanto a nova missão a ser completada: dar continuidade à tarefa do libertador do povo da escravidão no Egito. Que peso enorme sobre os seus ombros estava carregando Josué!

Sabedor do que se passava no coração de Josué, o Senhor vai ao ponto mais sensível: o medo de Josué se sentir incapaz de conduzir o povo na reconquista de Canaã. Então o Senhor o exorta a assumir o desafio, mas igualmente o encoraja garantindo que estaria ao seu lado *por onde quer que andares.*

> *Não to mandei eu? Sê forte e corajoso; não temas, nem te espantes, porque o Senhor, teu Deus, é contigo por onde quer que andares. (Josué 1:9)*

Nesse momento de gozo e alegria, quando nos vemos, então, libertos da tirania do medo, o profeta Jeremias nos indica que poderemos selecionar do cardápio divino as palavras mais adequadas para a nossa cura e libertação:

> *Achadas as tuas palavras, logo as comi; as tuas palavras me foram gozo e alegria para o coração, pois pelo teu nome sou chamado, ó Senhor, Deus dos Exércitos. (Jeremias 15:16)*

A VITÓRIA SOBRE O MEDO

3

CAPÍTULO 10

VITÓRIA SOBRE AS CONSEQUÊNCIAS DO MEDO

Você provavelmente terá de entrar em uma batalha mais de uma vez para vencê-la.

MARGARET THATCHER. PRIMEIRA-MINISTRA DA GRÃ-BRETANHA. (1925-2013)

Em todas essas situações temos a vitória completa por meio daquele que nos amou. Pois eu tenho a certeza de que nada pode nos separar do amor de Deus: nem a morte, nem a vida; nem os anjos, nem outras autoridades ou poderes celestiais; nem o presente, nem o futuro; nem o mundo lá de cima, nem o mundo lá de baixo. Em todo o Universo não há nada que possa nos separar do amor de Deus, que é nosso por meio de Cristo Jesus, o nosso Senhor. (Romanos 8:37-39 NTLH)

O medo é mal corriqueiro. Ele está por toda parte, espalha-se rapidamente e afeta as pessoas de diversas formas. Para avançarmos na compreensão desse mecanismo e de como Deus cumprirá a sua palavra nos libertando desse flagelo, precisam ser apresentadas algumas situações resultantes do medo, mas com o respectivo remédio disponível na Bíblia.

JOSÉ: VITÓRIA SOBRE FALSA ACUSAÇÃO

O filho mais novo de Jacó, até então, era o jovem José. Na Bíblia, ele é conhecido como o sonhador. Traído pelos irmãos e dado como morto pelo pai, vai trabalhar como servo na casa de um egípcio poderoso, Potifar. Íntegro diante de Deus, o jovem hebreu não cede ao assédio da esposa de Potifar, sendo levado à prisão por um crime que não cometeu.

José havia sonhado que Deus o colocaria numa posição de destaque e honra diante da sua família (cf. Gênesis 37:5-10). Deveria ele temer que isso jamais poderia se cumprir? Ao contrário. Permanecendo fiel ao que acreditava ser uma promessa do Senhor para a sua vida, manteve sua integridade, mesmo diante de falsa acusação de assédio.

O que seria o fim do sonho de José, torna-se o começo de uma ascensão que irá levá-lo ao posto de Governador de todo o Egito. Vale a pena ser lida a sua história em Gênesis 37 a 50.

O DIABO QUER CONTROLAR PELO MEDO

O medo faz com que acreditemos nas mentiras do diabo, nos tornando presas fáceis daquele que é descrito como o acusador dos irmãos. Mas ele é um inimigo vencido, cuja estratégia permanente é a mentira, a calúnia, a acusação:

> *Então, ouvi grande voz do céu, proclamando: Agora, veio a salvação, o poder, o reino do nosso Deus e a autoridade do seu Cristo, pois foi expulso o acusador de nossos irmãos, o mesmo que os acusa de dia e de noite, diante do nosso Deus. (Apocalipse 12:10)*

Uma das formas mais perversas de dominação que o medo exerce é através da inundação de notícias negativas, manchetes escandalosas, comentários destrutivos, enredos cinematográficos espalhando a impressão da onipotência do mal. Mas isso não é verdade. Ao contrário, a Palavra de Deus produz fé e ajuda-nos a crer na verdade de Deus, encarnada em Jesus Cristo:

> *Disse, pois, Jesus aos judeus que haviam crido nele: Se vós permanecerdes na minha palavra, sois verdadeiramente meus discípulos; e conhecereis a verdade, e a verdade vos libertará. (João 8:31-32)*

ELIAS: CAMINHADA SEM RUMO

Elias foi profeta em tempos de grande idolatria em Israel, quando o rei era Acabe, que se casou com Jezabel, filha de um sacerdote de Baal. Em 1 Reis 18:20-40, é descrito o enfrentamento de Elias contra 450 profetas de Baal e 400 de Aserá. Isso se dá no alto do Monte Carmelo, 600 metros acima do nível do mar. Após vencer o desafio proposto, ele ordenou:

> *Disse-lhes Elias: Lançai mão dos profetas de Baal, que nem um deles escape. Lançaram mão deles; e Elias os fez descer ao ribeiro de Quisom e ali os matou. (1 Reis 18:40)*

O que seria uma vitória a ser comemorada, tornou-se uma caminhada sem rumo para o profeta, que sofreu ameaças e perseguição por parte de uma Jezabel enfurecida e resolvida a matá-lo de qualquer jeito. Tomado pelo medo, o profeta Elias foge, caminhando sem rumo. Sente-se solitário, não vê alternativa para continuar a cumprir a sua missão dada por Deus.

Dominados pelo medo, corremos o risco de fugir e, por causa de um esgotamento físico, acreditar que não vale a pena insistir em viver, como aconteceu com Elias. Leia esse relato completo em 1 Reis 19-21.

O medo é uma rua sem saída, a ponto de a moderna medicina e as novas análises dos distúrbios da alma pesquisarem novos diagnósticos e terapias para aliviar o sofrimento de milhões de pessoas que hoje sofrem os antigos males da fadiga, da exaustão, do cansaço crônico, do esgotamento nervoso – reunidos sob a nova denominação de *burnout*.

O que acontece nesse esgotamento mental pode ser comparado a algo como se a caixa de disjuntores dos circuitos elétricos de uma casa fosse destruída por excesso de carga. Popularmente, *fritar os nervos*, o que aconteceu com Elias, ao ser perseguido por Jezabel.

Sob uma ameaça de morte, Elias foge, se esconde e chega a desistir da própria vida. Dominados pelo medo, corremos o risco de fugir e, por causa de um esgotamento físico, acreditar que não vale a pena insistir em viver.

Como Elias se libertou desse quadro de total confusão? Escondendo-se numa caverna, que se tornou local de descanso para ele. Essa prostração física o obrigou a render-se a profundo sono restaurador. Deus então o alimentou, falou com ele, ouviu o seu desabafo. Pouco a pouco, a intimidade com Deus foi restaurando a saúde integral do profeta, renovando sua confiança nas promessas de Deus e no propósito da sua vida.

FRUTOS DA OBEDIÊNCIA

Multidões atingidas por esses antigos males mentais e emocionais são retratadas como verdadeiros zumbis, perambulando de um lado para o outro, caminhando sem rumo, mortos-vivos em busca de contaminar e destruir outras vidas, cumprindo o objetivo do diabo:

O ladrão vem somente para roubar, matar e destruir; eu vim para que tenham vida e a tenham em abundância. (João 10:10)

A obediência à Palavra de Deus nos leva a um futuro glorioso, mesmo diante de cenários retratados como de destruição e morte. O que Deus requer de nós é que, em quaisquer circunstâncias que estejamos vivendo, possamos caminhar sobre águas tumultuosas: a voz do Mestre nos guiará para a segurança da Sua presença.

Esta é a promessa permanente, de que não seremos dispersos sem direção, mas caminharemos para uma vitória que já foi conquistada para nós:

Se atentamente ouvires a voz do Senhor, teu Deus, tendo cuidado de guardar todos os seus mandamentos que hoje te ordeno, o Senhor, teu Deus, te exaltará sobre todas as nações da terra. (Deuteronômio 28:1)

Os desafios do cristão são os mesmos, em todos os tempos. Apenas mudam de roupagem, ao se adaptarem aos modos e costumes de cada época ou nação. O foco, entretanto, é sempre a obediência à Palavra, pois ela é a nossa segurança. Devemos guardá-la em nossas mentes e corações, para usá-la continuamente como arma de ataque contra toda agressão do medo querendo nos convencer a buscar outras direções.

Não tenham medo dos seus inimigos. Sejam sempre corajosos, pois isso será uma prova para eles de que serão derrotados e de que vocês serão vencedores. Porque é Deus quem dá a vitória a vocês. (Filipenses 1:28)

Não devemos nos espantar com o fato de que os homens apresentam uma agressividade gratuita contra os cristãos. Isso não é paranoia, mas a constatação de que o diabo atua nos filhos da desobediência (cf. Efésios 2:2). Não devemos temer os homens, pois isso reforçaria essa conduta agressiva. Ao resistirmos aos inimigos, estaremos dando uma prova da nossa vitória completa contra eles, pois é Deus quem lutará por nós.

Quem nos separará do amor de Cristo? Será tribulação, ou angústia, ou perseguição, ou fome, ou nudez, ou perigo, ou espada? Como está escrito:

Por amor de ti, somos entregues à morte o dia todo, fomos considerados como ovelhas para o matadouro. Em todas estas coisas, porém, somos mais que vencedores, por meio daquele que nos amou. (Romanos 8:35-37)

O MEDO NOS DESORIENTA

O medo impede que sejamos úteis a Deus. Mas isso não significa que somos apenas massa de manobra, recursos descartáveis nas mãos do Criador. Ao contrário, como observado no Capítulo

2, Deus nos criou para as boas obras, para sermos realizadores e continuadores da comissão de Cristo para todas as gerações seguintes, realizando obras maiores, alcançando até os confins da terra. Para isso a sua Palavra nos torna fortes e eficientes:

> *Toda a Escritura é inspirada por Deus e útil para o ensino, para a repreensão, para a correção, para educação na justiça, a fim de que o homem de Deus seja perfeito e perfeitamente habilitado para toda boa obra. (2 Timóteo 3:16-17)*

Quando Jesus usa a expressão *vasos inúteis*, Ele está justamente realçando o fato de que, se nos conduzimos apenas por iniciativa própria, sem a direção e o conselho de Deus, todos os nossos feitos são ineficazes para a salvação, as boas obras decorrentes da fé e a evangelização. Ele então reserva, de maneira simples, a expressão servo inútil para realçar que Ele é o que efetua em nós tanto o querer como o realizar (cf. Filipenses 2:13).

> *Qual de vós, tendo um servo ocupado na lavoura ou em guardar o gado, lhe dirá quando ele voltar do campo: Vem já e põe-te à mesa? E que, antes, não lhe diga: Prepara-me a ceia, cinge-te e serve-me, enquanto eu como e bebo; depois, comerás tu e beberás? Porventura, terá de agradecer ao servo porque este fez o que lhe havia ordenado? Assim também vós, depois de haverdes feito quanto vos foi ordenado, dizei: Somos servos inúteis, porque fizemos apenas o que devíamos fazer. (Lucas 17:7-10)*

EQUIPADOS PARA A BATALHA CONTRA O MEDO

O medo é uma arma que Satanás usa permanentemente contra nós, pois agiganta o nosso adversário e nos faz perecer por não usarmos adequadamente os recursos para nossa defesa. Praticamente trata-se de autodestruição, pois não utilizamos o que já está ao nosso alcance para a vitória prometida por Deus.

Essa estratégia universal é como a ação do leão como caçador, que não sai correndo de um lado para o outro para alcançar as suas presas. Ao contrário, desloca-se de um ponto para outro próximos de seus alvos, cavando uma cova como se fosse uma concha acústica, usa o seu rugido contra o solo e o faz tremer quilômetros a sua volta. Nos pontos de fuga dos animais amedrontados, lá estão as leoas caçadoras, prontas para destruir os animaizinhos em disparada, estes, sim, correndo de um lado para o outro, amedrontados:

> *Sede sóbrios e vigilantes. O diabo, vosso adversário, anda em derredor, como leão que ruge procurando alguém para devorar; resisti-lhe firmes na fé, certos de que sofrimentos iguais aos vossos estão-se cumprindo na vossa irmandade espalhada pelo mundo. (1 Pedro 5:8-9)*

O medo nos deixa indefesos diante dos ataques do diabo, mas temos a Palavra de Deus, a espada do Espírito, que é a arma de ataque eficaz nesta batalha da vida. Além dela, temos os demais recursos de defesa que muitos estudiosos denominam como *a armadura de Deus*, para nos equipar de maneira segura para que não sejamos atingidos mortalmente no campo de batalha:

> *Portanto, tomai toda a armadura de Deus, para que possais resistir no dia mau e, depois de terdes vencido tudo, permanecer inabaláveis. (Efésios 6:13)*

COMO AGIR EM COMBATE

> *Porque as armas da nossa milícia não são carnais, e sim poderosas em Deus, para destruir fortalezas, anulando nós sofismas e toda altivez que se levante contra o conhecimento de Deus, e levando cativo todo pensamento à obediência de Cristo. (2 Coríntios 10:4-5)*

Warren Wiersbe, em seu comentário sobre estes versículos, declara que:

> *Paulo (...), apesar de ser um homem como outro qualquer, não dependia do poder humano, mas sim do poder divino, das armas espirituais que o Senhor havia lhe dado. Suas batalhas não eram contra a carne, porque não lutava contra carne e sangue (cf. Efésios 6:10ss) (...). O termo milícia significa campanha. Paulo não estava apenas envolvido em uma briga qualquer em Corinto; o ataque do inimigo nessa cidade fazia parte de uma grande campanha militar.*

> *Os poderes do inferno continuam tentando destruir a obra de Deus (cf. Mateus 16:18), e é importante não ceder nenhum território ao inimigo, nem mesmo uma só igreja! (...)*
>
> *É importante entender que Paulo não está atacando a inteligência, mas sim o intelectualismo, a atitude pedante das pessoas (...). Paulo havia enfrentado a sabedoria dos homens ao fundar a igreja em Corinto (cf. 1 Coríntios 1:18ss), e ela havia reaparecido com a chegada dos judaizantes. Paulo usava armas espirituais para destruir a oposição: oração, a Palavra de Deus, o amor, o poder do Espírito operando em sua vida. Não dependia da personalidade, das habilidades humanas e nem de sua autoridade como apóstolo.*

No contexto deste livro, o apóstolo Paulo recomendaria que as fortalezas do espírito de medo, sejam primordialmente destruídas pelo uso das nossas armas espirituais.

A PROMESSA DE LIBERTAÇÃO

O medo pesa sobre nós e sentimo-nos infelizes e deprimidos. Gera ansiedade, produz fraqueza e incapacidade, neutralizando qualquer esforço humano de vitória sobre esse sentimento destrutivo.

Observar o sofrimento a nossa volta enfraquece nossos mecanismos de defesa, pois distorce a nossa visão, impedindo que possamos ter um retrato verdadeiro da nossa situação. O medo gera a ilusão de que o mal não tem fim, e que nada nos resta senão nos entregarmos, sem esperança alguma, para sermos destruídos. Diante de tantas consequências do medo, será possível você romper os grilhões dessa escravidão espiritual com os recursos de combate descritos pelo apóstolo Paulo?

No próximo capítulo, citaremos alguns personagens bíblicos que venceram o medo. Conhecer um pouco da história deles vai ajudar a compreender que você pode ser liberto da escravidão do medo, recebendo plena provisão de Deus para não ceder à tentação de desistir de lutar e vencer o espírito de medo:

> *Não vos sobreveio tentação que não fosse humana; mas Deus é fiel e não permitirá que sejais tentados além das vossas forças; pelo contrário, juntamente com a tentação, vos proverá livramento, de sorte que a possais suportar. (1 Coríntios 10:13)*

CAPÍTULO 11

PESSOAS QUE VENCERAM O MEDO

Mal começa a vida, começa o perigo.

RALPH WALDO EMERSON. ENSAÍSTA POETA E FILÓSOFO NORTE-AMERICANO. (1803-1882)

Ainda que eu ande por um vale escuro como a morte, não terei medo de nada. Pois tu, ó Senhor Deus, estás comigo; tu me proteges e me diriges. (Salmo 23:4 – NTLH)

Ler a Bíblia produz efeitos mais profundos e duradouros do que simplesmente ler a respeito da Bíblia. Estudar e meditar nos textos bíblicos é verdadeiro bálsamo que cura as nossas feridas de alma, restaurando o nosso vigor e prontamente nos habilitando a prosseguir para o alvo de Deus proposto para as nossas vidas.

Um dos grandes personagens bíblicos, sem dúvida, é Davi. Na luta contra os filisteus, ele será um exemplo utilizado por Deus para nos demonstrar como vencer o medo.

DAVI VENCE GOLIAS [1 Samuel 17:41-51]

O desafio foi aceito. Golias, o guerreiro campeão dos filisteus, começou a caminhar na direção do pequeno Davi, representando Saul e o seu reino. O escudeiro carregava as armas do gigante e este zombava da petulância do jovem hebreu, ameaçando-o de morte e de deixá-lo como comida para os abutres e chacais.

Num arroubo de coragem, Davi então sentenciou o fim do valentão:

> *Tu vens contra mim com espada, e com lança, e com escudo; eu, porém, vou contra ti em nome do Senhor dos Exércitos, o Deus dos exércitos de Israel, a quem tens afrontado. Hoje mesmo, o Senhor te entregará nas minhas mãos; ferir-te-ei, tirar-te-ei a cabeça e os cadáveres do arraial dos filisteus darei, hoje mesmo, às aves dos céus e às bestas-feras da terra; e toda a terra saberá que há Deus em Israel.*
>
> *Saberá toda esta multidão que o Senhor salva, não com espada, nem com lança; porque do Senhor é a guerra, e ele vos entregará nas nossas mãos. (1 Samuel 17:45-47)*

Confiante, Golias retomou a caminhada na direção de Davi, e este correu rapidamente até as fileiras de guerreiros dos filisteus, para lutar contra ele. Enfiando a mão na sua sacola, pegou uma pedra e, com a sua funda, a atirou em Golias. A pedra se alojou na testa de Golias, que caiu de cara no chão. Davi apressou-se e, com a espada do gigante, cortou-lhe a cabeça, tendo-o abatido somente com uma pedra. E os filisteus bateram em retirada ao verem seu campeão ser derrotado.

Mesmo tendo vencido Golias e alcançado muitas vitórias sobre os filisteus, a verdade é que Davi enfrentava seus próprios medos. Ameaçado por Saul, ele precisa fugir, e sua fuga o leva a uma caverna. Como ele, naquela ocasião, muitos hoje se encontram escondidos na *caverna do medo*.

> *Davi fugiu de Gate e se escondeu na caverna de Adulão. Quando souberam disso, seus irmãos e parentes foram encontrá-lo ali. Logo, outros começaram a chegar, pessoas aflitas, endividadas e descontentes. Davi acabou se tornando o líder de cerca de quatrocentos homens.*
>
> *Mais tarde, Davi foi a Mispá, em Moabe, e pediu ao rei: Por favor, permita que meu pai e minha mãe morem aqui até que eu saiba o que Deus fará comigo. (1 Samuel 22:1-3 NVT)*

Você já se fez essa pergunta? O que Deus há de fazer de mim? *Até que eu saiba o que Deus tem reservado para mim.*

Existem momentos e situações na vida que questionamos o propósito de Deus. Temos promessas, vivemos debaixo de uma Palavra, fomos ungidos para algo, mas as circunstâncias nos colocam diante de um impasse. Mas Davi, ainda sem resolver a sua situação, decidiu abrigar em seu esconderijo todos aqueles que passavam por alguma ameaça do espírito de medo. Então, ao liderar o grande grupo que se formou, estava também selecionando futuros guerreiros para o seu exército real.

Davi venceu o medo, ao ajudar pessoas em situação semelhante à que ele enfrentava. Jesus colocou sobre si as nossas dores e sofrimentos, para nos aliviar (cf. Mateus 11:28-30) e para que pudéssemos ser vitoriosos diante de circunstâncias ameaçadoras.

O MEDO DENTRO DA MINHA CASA

Em minha casa já enfrentamos várias vezes o espírito de medo. Minha esposa faz o relato de uma dessas experiências e de como saímos vitoriosos.

> *Medo... quem é que um dia nunca sentiu medo?*
>
> *Um sentimento que, quando não dominado por nós mesmos, começa a tomar conta do nosso coração e nos impede de viver grandes sonhos. Talvez seus medos e insegurança sejam frutos de palavras lançadas por pessoas mais próximas durante sua infância ou em um momento de dificuldade. E, por incrível que pareça, estas palavras encontram um solo fértil em seu coração, fazendo acreditar que nada de bom vai acontecer, que os olhos do Senhor estão sobre todos os cantos, menos sobre a sua vida.*
>
> *Em algumas situações, até mesmo você se rotulou como uma pessoa que não terá um futuro brilhante, e aceitou que nada dará certo na sua vida, e vem se acostumando e se realizando com migalhas.*

De modo surpreendente, um dia, quando ainda menina, me disseram que eu não daria para nada na vida, pelo simples fato de viver viajando dentro do meu mundo de sonhos. Ninguém me entendia, mas logo sentenciavam um destino de insucesso. E o que aconteceu é que por muito tempo eu tive medo de sonhar. Sonhava com projetos e eles aconteciam, mas infelizmente eu dizia para mim mesma: isso vai acabar, porque nada na minha vida dará certo. Eu me vi num círculo vicioso de autossabotagem.

Com o passar do tempo, tive medo de sonhar, tive medo de acreditar nas promessas do Senhor para a minha vida, porque sempre me lembrava daquela sentença: Você não dará certo em nada na vida.

Felizmente, dia após dia, o Senhor foi trabalhando no meu coração de uma forma muito gentil e mostrando que fomos escolhidos desde o ventre de nossa mãe, que existe um sonho em seu coração, sonhos perfeitos. E que Ele enxergava algo em mim que ninguém conseguia ver, valores que até mesmo eu não conhecia, pois quando orava tinha vergonha de expor os meus temores ao Senhor. Resultado? Muitas vezes achava melhor me conformar com as situações de luta, porque já havia aceitado que eu não alcançaria grandes objetivos na vida.

Paulatinamente, o Senhor foi abrindo os meus olhos e me fazendo compreender que infelizmente aceitamos viver uma vida de migalhas, porque temos medo de acreditar que o Senhor tem coisas maravilhosas para cada um de nós. Prisioneiros desse medo que toma conta da nossa alma, nos tornamos incapazes de sonhar, de lutar, de olhar para o amanhã com esperança, de enxergar as misericórdias do Senhor se renovando sobre a nossa vida e de acreditar que, a cada dia que passa, estamos mais perto da realização dos sonhos de Deus para nós.

Um dia o Senhor me mostrou que, enquanto eu vivesse carregando aquele medo, acreditando nas mentiras lançadas contra mim, eu não progrediria. Os sonhos, os desejos de coisas maiores e melhores, de realizações que engrandeçam o nome do Senhor são a sua vontade, pois o Senhor nos coloca o sentimento de intrepidez, coragem. Eu precisava me ver livre das amarras do medo, ou viveria como um soldado ferido, mas sem jamais retornar ao campo de batalha onde somos mais do que vencedores!

Sim! Um soldado ferido não pode ir para a guerra, não pode lutar. E eu estava ferida, acreditando nas mentiras que o diabo me contava. E, assim, os planos dele estavam se cumprindo, porque eu estava sendo destruída pelo medo que me impedia de viver os sonhos do Senhor para a minha vida, inclusive impedida de sonhos que foram escondidos em meu coração por mim, porque eu mesma dizia que não daria em nada na vida. Talvez você esteja acreditando nesta mentira de que seu casamento não será restaurado, seus filhos não serão bênção, e outras mais.

Hoje posso dizer que aprendi que devemos resistir aos sentimentos de medo, insegurança, rejeição, desprezo e muitos outros que foram construídos dentro do nosso coração, pois, enquanto você continuar com eles, você será um soldado ferido, sem forças *e esperança para acreditar nos verdadeiros sonhos e promessas que o Senhor tem para sua vida.*

Um dia eu perguntei: Senhor, como afastar as aflições da minha alma? Até que eu li na sua Palavra:

Pois és meu esconderijo; tu me guardas da aflição e me cercas de cânticos de vitória. O Senhor diz: Eu o guiarei pelo melhor caminho para sua vida, lhe darei conselhos e cuidarei de você (Salmo 32:7-8 NVT).

Então, eu até posso não entender no momento, mas devo dizer para minha alma:

— Eu caminho aos cuidados do TODO-PODEROSO, eu caminho pelos melhores caminhos. ELE ME DARÁ CONSELHOS E CUIDARÁ DE MIM.

Um dia, uma amiga me disse que um verdadeiro soldado conhece o seu capitão, e logo pensei: Eu conheço o meu capitão, o Senhor que se apresenta como o TODO-PODEROSO.

Escrevo agora, testemunhando com lágrimas escorrendo pelo meu rosto:

— Obrigada, meu Senhor, por não desistir de mim nem de nenhum de Teus filhos. Obrigada por me fazer enxergar que o Teu amor me aceita da forma que eu sou, que o Senhor tirou a minha cegueira espiritual e me fez entender que o Teu amor é perfeito, que os Teus planos são maravilhosos. E hoje, assim como um soldado conhece o seu capitão, eu sei que o Senhor é bom, é imutável e que és Todo-poderoso, e nada Te é impossível realizar, e ainda mais, és o dono de tudo e conheces todas as nossas necessidades.

Acredito que neste livro o Senhor usará formas para que você entenda que Ele deseja cuidar de você, pois Ele o conhece melhor do que você mesmo, todos os seus medos, angústias, esperanças perdidas.

Os olhos do Senhor estão sobre você, para libertá-lo de todo medo e fazer com que você confie no seu amor. E, ainda que não conhecendo momentaneamente todos os desígnios dele, você possa afirmar, com fé:

— Estou andando no melhor caminho do Senhor para mim, e sei que Ele é imutável, provedor, onisciente e me conhece melhor do que eu mesma.

A misericórdia do Senhor não abandonou o seu povo para morrer no deserto.

Pelo contrário, uma coluna de nuvem conduzia durante o dia, e uma coluna de fogo durante a noite.

A Palavra diz que o Senhor sustentou o seu povo no deserto 40 anos, nada lhes faltou! O cuidado foi tão grande que as roupas não se desgastaram, nem os pés ficaram inchados. De modo semelhante, o deserto pelo qual você está passando não lhe dará medo, pois o Senhor está cuidando de você, nada faltará para a sua vida. Se não houver um caminho, Ele abrirá o mar; quando for grande a sede, da rocha Ele fará brotar água; e quando a fome apertar, permaneça com tranquilidade, que o maná chegará.

ACREDITE, CONFIE e liberte-se de todo medo, pois você nasceu para vencer e viver os sonhos do Senhor, que são perfeitos.

ANA PAULA VALVASSOURA, ESPOSA.

CAPÍTULO 12

AS GRANDES PROMESSAS DE DEUS

> *(...) agindo eu, quem o impedirá? (Isaías 43:13)*

Como podemos vencer esse inimigo tão poderoso, o medo? Como alguém que se encontra amordaçado, preso por um espírito de medo, pode sair desse casulo que não permite que se olhe para a frente?

O que fazer? Como saímos desse estado de paralisação? O apóstolo Paulo traz o antídoto para vencer esse espírito de covardia, de se esconder. Covarde é aquele que se esconde. Covarde é aquele que busca refúgio quando é hora de ir para a guerra. Paulo diz: *Esse tipo de espírito não é de Deus.* Qual é o espírito de Deus que deve agir na nossa vida? Paulo faz o contraponto:

> *Porque Deus não nos tem dado espírito de covardia, mas de poder, de amor e de moderação. (2 Timóteo 1:7)*

O espírito que Deus tem nos dado é de poder, de amor e de moderação. Os nossos medos só podem ser vencidos pela ação de Deus na nossa vida. Fruto das suas promessas. Do seu perfeito amor.

Como colocar em prática essa palavra?

O diabo é especialista em aprisionar pelo medo, mas Jesus é o especialista em libertar pessoas do medo. Quando você vai até Ele, quando você conhece aquilo que Ele pode fazer, descobre que Ele é muito mais poderoso do que tudo aquilo que o diabo tentar fazer contra a sua vida.

Aos olhos de Deus, o seu futuro é maravilhoso. Ele olha para você e diz: o seu casamento, a sua vida profissional, a sua vida sentimental, a sua vida espiritual são oportunidades para feitos extraordinários do Senhor.

O seu futuro em Deus é glorioso, mas o diabo está querendo convencê-lo do contrário. Recorde-se de que ele é o pai da mentira (cf. João 8:44). Tudo aquilo que ele afirma é mentira. Então, se ele está dizendo para você que você não vai dar certo, que você não vai conseguir fazer com que seu casamento prospere e que a sua empresa vai falir, é tudo mentira. Desse modo, quando Jesus vê que os discípulos estão trancados, o que Ele faz? Ele vai para o meio deles. O que isso nos ensina? Que Deus sempre nos ajudará, como sempre ajudou as pessoas que nele confiam.

A primeira coisa a fazer para nos beneficiarmos das promessas de Deus é aprendermos a sempre confiar nelas.

CONFIE NO CUIDADO DE DEUS

Na ânsia de controlar todos os detalhes das nossas vidas, nos cansamos e nos frustramos, pois é tarefa que jamais conseguiremos completar. Por isso o salmista nos orienta a, antes de tudo, cuidar do que podemos, mas deixar tudo sempre nas mãos de Deus.

Há uma conhecida oração de um teólogo protestante norte-americano, que nos oferece um caminho a trilhar para esse equilíbrio:

ORAÇÃO DA SERENIDADE

Deus,
Conceda-me a serenidade
Para aceitar aquilo que não posso mudar,
A coragem para mudar o que me for possível
E a sabedoria para saber discernir entre as duas.
Vivendo um dia de cada vez,
Apreciando um momento de cada vez,
Recebendo as dificuldades como um caminho para a paz,
Aceitando este mundo cheio de pecados como ele é, assim como fez
Jesus, e não como gostaria que ele fosse;
Confiando que o Senhor fará tudo dar certo
Se eu me entregar à sua vontade;

Pois assim poderei ser razoavelmente feliz nesta vida
E supremamente feliz ao seu lado na outra.
Amém.

REINHOLD NIEBUHR (1892-1971)

Há coisas na sua vida que você nunca vai conseguir controlar. Estão acima da sua capacidade, mas você deve fazer a sua parte para encontrar o necessário equilíbrio:

Confia no Senhor e faze o bem; habita na terra e alimenta-te da verdade. Agrada-te do Senhor, e ele satisfará os desejos do teu coração. Entrega o teu caminho ao Senhor, confia nele, e o mais ele fará. (Salmo 37:4-5)

Os discípulos citados em João 20 estavam ali em obediência, observando a direção de Deus e seguindo aquilo que o Senhor Jesus disse que eles deveriam fazer. Mas, em algum momento, eles se fecharam e Jesus entra no lugar onde eles estavam e de repente surge no meio deles, garantindo algo além da expectativa de todos.

Qualquer pessoa que já tenha sido refém do medo compreende que a própria presença de Jesus é a garantia que precisamos ter, por mais que as coisas ao nosso redor tentem nos fazer parar de agir. Preciso entender que Jesus é maior que os meus problemas. Ele não desconversou acerca da ameaça real dos líderes religiosos judeus, dizendo algo como: "Fiquem tranquilos, esses líderes não estão atrás de vocês". Ele afirmou alguma coisa mais valiosa ainda: "Eu estou no meio de vocês, paz seja com vocês". Isso nos ajuda a não criarmos uma ilusão, um ideal que é simplesmente falso: "Ah, eu tenho medo, mas quando isso tudo acabar eu venço o medo". Não é a ausência da ameaça, mas a presença de Jesus que vence o jogo!

Às vezes, as circunstâncias não vão mudar, mas a presença de Deus vai abençoar a sua vida. Eu preciso controlar o que eu posso, e o que eu não posso eu entrego nas mãos de Deus. Ouvi certa vez de um líder nos EUA: O medo preocupante afeta a nossa saúde; ele encurta os nossos dias e deixa a nossa visão turva.

MEU TESTEMUNHO PESSOAL

Eu vou lhe contar por que decidi escrever este livro. Eu não estou falando aqui de algo teórico, mas de um fato que aconteceu comigo.

Às vezes você olha para alguém, para o pastor, e pensa que aquela pessoa nunca enfrentou medos, nunca passou por lutas. Engano seu. Quando estávamos vivendo o calor da pandemia mais intenso, vivendo no olho do furação, não podendo ter cultos presenciais e envolvido em uma série de situações alarmantes e de informações conflitantes – além de pessoas da igreja morrendo –, o medo quis tentar me controlar.

Confesso a você, que tem este livro nas mãos, que muitas vezes fui para o púlpito da igreja da qual sou pastor para realizar um culto virtual tomado de medo. Eu me encontrava falando para uma câmera, enquanto por dentro uma ansiedade estava querendo me matar. Muitas eram as incertezas, as dúvidas que se acumulavam, e eu me perguntava como iria ser dali para a frente. Pensamentos coriscavam minha mente, como fogos explodindo à noite nos céus em escuridão: A igreja nunca mais vai ter gente frequentando cultos e outros encontros. Pode perder a esperança e esquecer qualquer cenário favorável: esse drama da pandemia não vai acabar, e as pessoas estão morrendo cada vez mais.

Eu estava pregando para um enorme auditório vazio de gente e chegava a notícia: Ficou sabendo que o pastor fulano de tal morreu? E o diabo tentava insuflar em minha mente: O próximo é você! Abre teu olho, teu nome já tá na lista. A fila está andando...

Sabe o que eu fiz? Procurei ajuda. Não tente vencer os seus medos sozinho. Às vezes, uma conversa com um bom amigo, tomando juntos um café ao redor de uma mesa, é a melhor terapia que você pode fazer para vencer os seus medos.

Fui vencendo meus medos e temores à medida que me cercava das pessoas certas e ouvia a voz de Deus.

DESTRANCANDO PELO LADO DE DENTRO

Frequentemente ficamos presos na armadilha da insegurança e nos trancamos pelo lado de dentro. As pessoas não conseguem ter acesso ao que estamos sentindo. Nós nos isolamos, e essa é uma das atitudes mais letais durante os períodos de medo e temor, pois acabamos fazendo como os discípulos após a ressurreição, que ficaram escondidos esperando que alguma coisa acontecesse. Por isso é bom saber que Jesus vem, surge no nosso meio e diz: *Paz seja com vocês!*

> *Em verdade também vos digo que, se dois dentre vós, sobre a terra, concordarem a respeito de qualquer coisa que, porventura, pedirem, ser-lhes-á concedida por meu Pai, que está nos céus. Porque, onde estiverem dois ou três reunidos em meu nome, ali estou no meio deles.* (Mateus 18:19-20)

Jesus garante que, para vencer o medo, você precisa permitir que a paz de Cristo governe o seu coração, paz que se materializa com a presença do Mestre em nós e no meio de nós!

Essa paz de Cristo que excede o entendimento, que o mundo não pode dar, não é aquela paz de quando tudo vai bem e tudo está certo em casa, as contas estão pagas, e não há nenhum problema à vista. Nesse contexto, qualquer um tem paz.

Os discípulos trancados naquela sala certamente refletiam sobre o momento anterior, quando Jesus foi traído, preso e levado a julgamento. O medo faz com que às vezes neguemos nossas próprias convicções.

Por exemplo, o medo foi tão grande por parte de Pedro, que ao redor de uma fogueira ele negou Jesus três vezes:

Ora, estava Pedro assentado fora no pátio; e, aproximando-se uma criada, lhe disse: Também tu estavas com Jesus, o galileu. Ele, porém, o negou diante de todos, dizendo: Não sei o que dizes.

E, saindo para o alpendre, foi ele visto por outra criada, a qual disse aos que ali estavam: Este também estava com Jesus, o Nazareno. E ele negou outra vez, com juramento: Não conheço tal homem.

Logo depois, aproximando-se os que ali estavam, disseram a Pedro: Verdadeiramente, és também um deles, porque o teu modo de falar o denuncia. Então, começou ele a praguejar e a jurar: Não conheço esse homem! E imediatamente cantou o galo.

Então, Pedro se lembrou da palavra que Jesus lhe dissera: Antes que o galo cante, tu me negarás três vezes. E, saindo dali, chorou amargamente. (Mateus 26:69-75)

DEUS ESTÁ NO CONTROLE

A segunda coisa que a gente precisa é perceber e entender que Deus está no controle e nada fugiu do governo das suas mãos.

Você sabe por que às vezes achamos que o medo é maior do que qualquer garantia que procuramos? Porque caímos no erro de achar que um dia já tivemos o controle de alguma coisa. Mas lembre-se de que somente Deus está no controle.

Quero lhe contar uma ilustração muito prática:

A tempestade envolvera o navio em pleno oceano, tendo se desencadeado inesperadamente. O vento impetuoso e violento chegava a fazer inclinar o navio, ameaçando virá-lo ou fazê-lo em pedaços. Relâmpagos e trovões aumentavam o terror do tenebroso quadro.

Ondas altíssimas elevavam o barco, como se fosse um barquinho de brinquedo, a grandes alturas, para logo em seguida o atirar com violência nas covas que as ondas abriam nas águas profundas. Os passageiros haviam se recolhido aos camarotes; alguns, assustados; outros, enjoados; todos esperando um desastre fatal, o naufrágio quase certo.

Numa sala, despreocupada ante a agitação que acontecia lá fora, uma linda menina brincava tranquila. Alguém, admirado por vê-la tão calma, perguntou-lhe se não tinha medo.

Medo? Medo, por quê?, perguntou ela. E com um sorriso acrescentou: É meu pai que está no leme![9]

A VISÃO DE ISAÍAS

No ano da morte do rei Uzias, conforme Isaías 6, o trono estava vazio e não havia quem governasse, causando indefinição quanto ao futuro.

Assim foi registrada a visão que o profeta tem do momento: No ano da morte do rei Uzias eu vi o Senhor assentado num alto e sublime trono. Isso nos remete a uma verdade fundamen-

9. Adaptado de https://slideplayer.com.br/slide/13060096/. Acesso em: 1 jun. 2024.

tal, de que o trono de Deus nunca está vazio! Ele sempre reina, acima de tudo e de todos!

No meio dessa situação toda, a visão que Isaías tem é a visão que os discípulos agora conseguem contemplar, quando Deus que governa, o Senhor de todas as coisas, Jesus Cristo se coloca no meio deles e diz: *Eu estou aqui. Nada fugiu ao controle das minhas mãos.* Para vencer o medo é preciso entender que Deus está no controle.

Por mais que situações ao nosso redor estejam nos afligindo, a bolsa de valores despencando, o dólar incontrolável, os preços em alta, um diagnóstico ruim chegou, a enfermidade, o desemprego, podemos nos colocar firmemente na posição do profeta Habacuque e declarar:

> *Ainda que a figueira não floresça, nem haja fruto na vide; o produto da oliveira minta, e os campos não produzam mantimento; as ovelhas sejam arrebatadas do aprisco, e nos currais não haja gado, todavia, eu me alegro no Senhor, exulto no Deus da minha salvação. O senhor Deus é a minha fortaleza, e faz os meus pés como os da corça, e me faz andar altaneiramente. (Habacuque 3:17-19)*

A PROMESSA DA PRESENÇA

Em terceiro lugar, lembre-se de que Deus prometeu que nunca deixaria sozinho quem nele confiasse. Jesus conhece o nosso coração, os nossos pensamentos, os nossos sentimentos. Nada lhe é oculto.

> *O Senhor é o meu pastor; nada me faltará. Ele me faz repousar em pastos verdejantes. Leva-me para junto das águas de descanso; refrigera-me a alma.*
>
> *Guia-me pelas veredas da justiça por amor do seu nome.*
>
> *Ainda que eu ande pelo vale da sombra da morte, não temerei mal nenhum, porque tu estás comigo; o teu bordão e o teu cajado me consolam.*
>
> *Preparas-me uma mesa na presença dos meus adversários, unges-me a cabeça com óleo; o meu cálice transborda. Bondade e misericórdia certamente me seguirão todos os dias da minha vida; e habitarei na Casa do Senhor para todo o sempre. (Salmo 23)*

O medo maior que assombra todos os homens, em todos os lugares, desde a Queda, é a morte. Pois Davi, no mais conhecido e repetido Salmo da Bíblia afirma, categoricamente: "Ainda que eu ande pelo vale da sombra da morte, não temerei mal nenhum, porque tu estás comigo". A consciência da permanente presença de Jesus em todos os dias das nossas vidas é o compromisso daquele que nos ama com o seu perfeito amor (cf. 1 João 4:18), porque Deus é amor (1 João 4:16).

JESUS AUSENTE?

A experiência dos discípulos era agora de profunda segurança, porque o Mestre havia sido morto diante dos seus olhos, tendo sido sepultado. Alguns disseram que Ele ressuscitou e uma hora ele aparece aqui, outra hora acolá.

No mesmo dia da visita de Maria Madalena, Joana e Maria, mãe de Tiago, ao túmulo vazio, os discípulos já estão se dispersando, como que esquecendo o comissionamento dado por Cristo para a evangelização (Mateus 28:18-20) com a garantia da sua presença nessa missão:

> *Naquele mesmo dia, dois deles estavam de caminho para uma aldeia chamada Emaús, distante de Jerusalém sessenta estádios. E iam conversando a respeito de todas as coisas sucedidas. Aconteceu que, enquanto conversavam e discutiam, o próprio Jesus se aproximou e ia com eles. Os seus olhos, porém, estavam como que impedidos de o reconhecer. Então, lhes perguntou Jesus: Que é isso que vos preocupa e de que ides tratando à medida que caminhais? E eles pararam entristecidos.*
>
> *Um, porém, chamado Cleopas, respondeu, dizendo: És o único, porventura, que, tendo estado em Jerusalém, ignoras as ocorrências destes últimos dias? (Lucas 24:13-18)*

Então o que precisamos aprender para vencer o medo? Que Deus prometeu que nunca nos deixaria sozinhos. Ele sempre vai nos encontrar, quer numa sala fechada e trancada, ou quando estivermos a caminho de retorno para um local seguro, como Emaús. Você nunca está sozinho. Você está passando por alguma luta? Você não está sozinho. Ele disse que estaria com você.

Não se permita convencer pela palavra maldita do diabo dizendo: Agora você está sozinho. Como é que você vai fazer? Mentira! Jesus está com você! Por isso, tome firmemente para você o que Ele prometeu: estarei convosco todos os dias (cf. Mateus 28:18-20).

Mesmo quando estiver nesse barco agitado, no meio dessa luta, no meio dessa tempestade, Ele está com você. Você nunca está sozinho nem abandonado. Quando sabemos que Jesus está conosco, os nossos medos se vão.

Há uma canção (Doce Nome) gravada pelo saudoso grupo Vencedores por Cristo, que diz:

Só de ouvir tua voz
De sentir teu amor
Só de pronunciar o teu nome
Os meus medos se vão
Minha dor, meu sofrer
Pois de paz tu inundas meu ser

Sim, a presença de Jesus, sua doce voz, dissipa nossos medos e inunda nosso coração de paz.

UM BOM FUTURO

Em quarto lugar, comece a desenvolver uma perspectiva futura da sua vida.

Tudo na vida passa. Os problemas passam. A maior ameaça vai passar. Você não foi criado para viver no olho do furação. Isso não quer dizer que você não vai enfrentar problemas, mas eles não durarão para sempre.

Muitas pessoas desenvolvem o que os especialistas em comportamento humano denominam de gatilho. Qual foi a experiência negativa que se tornou o seu gatilho? Foi enfrentar uma situação severa, tremenda, traumática, um estresse crônico e, então, o diabo usa a lembrança desse acontecimento para acionar o gatilho que dispara o medo.

Reaja! Tome a iniciativa e decida acionar o gatilho que desperta sua fé, confiança e esperança em um Deus que é fiel e jamais falhará.

Viva do futuro para o presente, confiante nas promessas de Deus para a sua vida, como nos ensina o próprio Deus, pelas palavras do profeta Jeremias:

> *Eu é que sei que pensamentos tenho a vosso respeito, diz o Senhor; pensamentos de paz e não de mal, para vos dar o fim que desejais.*

Então, me invocareis, passareis a orar a mim, e eu vos ouvirei. Buscar-me-eis e me achareis quando me buscardes de todo o vosso coração. Serei achado de vós, diz o Senhor, e farei mudar a vossa sorte (...). (Jeremias 29:11-14)

Para vencer o medo, encha-se do Espírito Santo. Ele vai te ajudar a acalmar as tempestades da sua vida e vencer os medos, para não mais ser escravo deles, nem um dia sequer da sua vida.

Você crê nisso?

CAPÍTULO 13

A GARANTIA DA NOSSA LIBERTAÇÃO

Porque quantas são as promessas de Deus, tantas têm nele o sim; porquanto também por ele é o amém para glória de Deus, por nosso intermédio.

Mas aquele que nos confirma convosco em Cristo e nos ungiu é Deus, que também nos selou e nos deu o penhor do Espírito em nosso coração. (2 Coríntios 1:20-22)

Você já levou um carro para a oficina, pagou caro por um conserto e o problema não foi resolvido? Por isso todo serviço precisa ter um certificado de garantia.

Quais as garantias que você tem de que as promessas de Deus para a libertação do medo vão se cumprir? O fato de que cada vez que Deus diz: Sim!, prometendo-nos alguma coisa, Jesus diz: Amém! E essa garantia é confirmada em nós pela presença do Espírito Santo (cf. Efésios 1:14).

Ocuparíamos o espaço de um outro livro – e o faríamos com imensa alegria – para realçar o fato de que a Palavra de Deus nos oferece tudo o que precisamos para uma vida plena de realizações, cumprindo o propósito de Deus para as nossas vidas.

Vou apenas listar algumas dessas recomendações do *Manual do Fabricante* para termos absoluta convicção de que a nossa libertação de todo sentimento de medo é uma certeza que o Pai Celeste nos concederá. Isso cremos, pois:

Cristo veio para nos conceder vida abundante (João 10:10);

O Espírito Santo nos torna filhos de Deus e não somos escravos do medo (Romanos 8:15);

Foi para a liberdade que Ele nos libertou (Gálatas 5:1);

Alegria permanente em Deus é um mandamento (Filipenses 4:4);

Por adoção, nos tornamos herdeiros de Deus juntamente com Cristo, e Ele sofreu em nosso lugar. Não precisamos aceitar qualquer sofrimento como necessário para sermos abençoados (Romanos 8:17-18).

Tendo essa certeza do desejo de Deus nos conceder boas coisas, podemos compreender as garantias, a seguir, que temos da nossa plena libertação do poder do espírito de medo.

1ª GARANTIA: O PODER DE DEUS

Em primeiro lugar, maior é o poder de Deus do que o poder do espírito de medo. Através da ação do seu Espírito, Deus tem condições de nos fazer encontrar forças nele para enfrentar as nossas lutas.

Neste período, em que muitas pessoas sofrem e se sentem cercadas de perigos por todos os lados, a linguagem midiática é a linguagem do medo. Já percebeu isso? Eles lançam esse espírito de medo como forma de manter as pessoas acuadas, paralisadas, escondidas. Conheço algumas pessoas que, infelizmente, devido ao discurso do medo, encontram-se ainda hoje presas em suas casas e apartamentos, assustadas com a possibilidade da pandemia as atingir.

> *O Senhor é a minha luz e a minha salvação; de quem terei medo? O Senhor é a fortaleza da minha vida; a quem temerei? (Salmo 27:1)*

Qualquer jornal sensacionalista, e quase todos eles o são, usa o argumento do medo e coloca mensagens, manchetes, notícias e coisas escondidas para fazer com que as pessoas fiquem amedrontadas. Infelizmente, muitos lucram com a indústria do medo.

Nessa situação, é hora de avançarmos no poder do Espírito. Não estou falando de um avanço inconsequente, irracional. Não é um poder insensato, tanto é que a palavra que Paulo usa para vencer é poder de bom senso, de moderação. É como se ele dissesse: Eu venço o espírito de medo no poder de Deus, eu sei que não é na minha força, mas no poder do Espírito Santo atuando em mim.

O que você acha que fez com que Davi descesse ao vale de Elá (1 Samuel 17) para enfrentar Golias? Você acha que ele não tinha medo? Claro que tinha! Ver um gigante gritando por 40 dias, com quase três metros de altura e uma armadura assustadora era muita intimidação.

A sua lança era como um eixo de tecelão, era grande, pesada. Ele falava grosso. E por que ele falava grosso? Porque normalmente quem fala grosso tem como objetivo provocar medo nas pessoas.

Davi ouve aquelas provocações e, pode ter certeza, havia o medo natural no coração do jovem pastor, mas ele decide enfrentar Golias no poder de Deus. Tanto é que ele responde:

> *Tu vens contra mim com espada, e com lança, e com escudo; eu, porém, vou contra ti em nome do SENHOR dos Exércitos, o Deus dos exércitos de Israel, a quem tens afrontado. (1 Samuel 17:45)*

Tem hora que vamos no poder de Deus, pois, como afirma o salmista: *Em Deus faremos proeza*s (Salmo 60:12). São ocasiões em que temos que decidir, acreditar e encarar o desafio.

Você já viveu situações em que estava com muito medo, mas sua expressão fazia com que as pessoas dissessem: Que pessoa equilibrada; como ele é corajoso. Não sabem de nada, pois por dentro você achava que era o seu último dia de vida, que tudo acabaria ali. Você apenas não queria passar vergonha.

Principalmente nos momentos da vida em que precisa se afirmar para os outros.

Paulo está dizendo a Timóteo: Na nossa própria força, não saímos do lugar, mas no poder de Deus, nós vamos muito mais além do que conseguimos imaginar.

Experimentando a libertação

Eu já preguei com dores no corpo, com dor de cabeça, com febre, com dor no pescoço. Durante três meses, no pico da pandemia, eu preguei com muitas dores na musculatura que envolve a fala. Talvez pelas pressões provocadas pelas incertezas da pandemia eu entrei em um estresse vocal.

Confesso a você que, mesmo naquela situação de pandemia, eu recebi alguns convites para ministrar em outras igrejas. Foram muitas solicitações para falar fora. Entretanto, fiquei 14 meses sem ir a lugar nenhum, até que recebi um convite para pregar numa igreja em Brasília, de um querido amigo.

Vem. Então eu disse para mim mesmo: *Quer saber? Eu vou.*

Fui para o aeroporto. Coloquei uma máscara imensa, quase fechando o olho. Arrumei um lugar para me sentar, o mais isolado possível. Entrei no avião orando: "Senhor, nas tuas mãos eu entrego o meu espírito" (risada nervosa!).

O avião estava lotado. Eu me sentei na primeira fileira, o local escolhido, orando ao Senhor: "Não permita que alguém se assente aqui".

Entretanto, logo se sentou um homem, que se virou para mim e perguntou: *E aí, você já pegou covid?*

Deu vontade de desembarcar. Eu pensei: *É um sinal! Deus não quer que eu vá* – pois temos a tendência natural de querer encontrar argumentos e desculpas para afirmar o nosso medo.

Então me voltei para o homem e respondi: *Não peguei e espero nunca pegar.*

E o homem respondeu: *Comigo o senhor não precisa se preocupar. Eu sou médico, já estou vacinado há muito tempo.*

Eu pensei: *Glória ao teu nome, Jesus!*

E me encolhi no assento. Quase cheguei com dor na coluna, de tanto me controlar e não me mexer durante o voo.

Cheguei ao meu destino e preguei. Pela minha vontade, seria muito mais simples ficar quieto, mas o fato é que fazemos coisas porque Deus nos exorta dizendo: *Vai ficar aí parado, escondido? Não vai fazer mais nada, não? Vai ficar que nem jabuti dentro do casco? Vamos! Vem pra fora!* Mas é óbvio que se deve agir nos limites daquilo que Paulo escreve a Timóteo: no poder de Deus, fazemos proezas, mas tudo feito com doses equilibradas de ousadia, amor e moderação.

2ª GARANTIA: O AMOR É O ANTÍDOTO PARA O MEDO

Por que o amor nos ajuda a vencer o medo? Esse é o segundo ponto que a Palavra nos garante. Porque, quando você faz por amor, você não faz somente para si. Há coisas que fazemos em amor para os outros, principalmente no que diz respeito à vida, ao ministério. Eu preciso fazer as coisas em amor. O amor lança fora o medo. Por amor, a mãe se sacrifica por um filho, correndo riscos inimagináveis.

Li, certa vez, a notícia de uma mãe que se lançou num rio infestado de jacarés para salvar o filho, que havia caído na água. Ela literalmente saiu no tapa com o jacaré, e lutou como uma fera em defesa da criança. Ela venceu o medo, movida pelo amor.

Nós superamos o medo por amor. Amor pelos filhos, amor pela família, amor pelo ministério, amor pelo reino, amor por uma causa, amor pela vida, amor a Cristo. Por exemplo, há pessoas que têm medo de professar sua fé. Vivem aprisionadas por um espírito de medo: Eu tenho medo de dizer que sou crente. Mas você precisa vencer esse espírito por amor ao próximo. Afinal, qual é o novo mandamento ensinado por Jesus?

> *Amarás o teu próximo como a ti mesmo. (Marcos 12:31)*

> *Novo mandamento vos dou: que vos ameis uns aos outros; assim como eu vos amei, que também vos ameis uns aos outros. (João 13:34)*

Não existe nada mais triste e covarde do que alguém se esconder atrás de uma falsa imagem de moderação para não pregar o evangelho ao outro. Ah, mas o que vão dizer? O que vão pensar? Tenho medo de cortarem a amizade comigo. Tenho medo de me cancelarem nas redes. Que cancelem! Mas você não pode permitir que esse espírito de medo prive você de falar do amor de Deus para os outros.

Paulo diz que o espírito de medo é vencido pelo poder de Deus, pelo amor a um chamado, a alguém, mas tudo deve ser feito com moderação. O texto bíblico da NVT (Nova Versão Transformadora) para esse versículo de 2 Timóteo 1:7 diz: "Deus nos deu um espírito de poder, amor e autocontrole".

O descontrole gerado pelo medo somente pode ser contido pelo domínio próprio, um fruto do Espírito produzido em nossas vidas (cf. Gálatas 5:23).

Tão perigoso quanto ser guiado pelo espírito de medo é uma pessoa que não é equilibrada. Você tem que exercer autocontrole, agindo em amor.

3ª GARANTIA: A DEFESA DA NOSSA MENTE

O terceiro ponto que nos garante a vitória sobre o medo é a defesa que temos da nossa mente. Como você vai ocupar a sua mente com pensamentos saudáveis, mantendo-se em paz? Estabelecendo um propósito firme em Cristo:

> *Tu, Senhor, conservarás em perfeita paz aquele cujo propósito é firme; porque ele confia em ti. (Isaías 26:3)*

Você sabe qual é o campo de batalha desse espírito de medo contra você? A sua mente. É na sua mente que o diabo vai colocar pensamentos negativos de morte, e esse espírito de medo vai tentar aprisionar você. É por isso que Paulo escreve aos filipenses orientando como ocupar os nossos pensamentos:

> *Finalmente, irmãos, tudo o que é verdadeiro, tudo o que é respeitável, tudo o que é justo, tudo o que é puro, tudo o que é amável, tudo o que é de boa fama, se alguma virtude há e se algum louvor existe, seja isso o que ocupe o vosso pensamento. (Filipenses 4:8)*

Paulo, também ao escrever aos Coríntios, os instrui: *levando cativo todo pensamento à obediência de Cristo* (2 Coríntios 10:5). Isso quer dizer que esse autocontrole, essa moderação precisa ser exercitada pela ação do Espírito Santo em nossa vida.

Devemos tomar cuidado com o que andamos pensando. Pensamentos de morte, de fracasso, de falência, de tristeza nada mais são do que uma ação maligna desse espírito de medo, que tem como objetivo nos fazer ficar paralisados.

Polos opostos

A fé e o medo são polos que nos atraem em direções contrárias. A fé, que surge através da crença e prática da Palavra de Deus, age como uma *moeda forte* no alcance das bênçãos de Deus sobre a nossa vida.

O medo vem como resultado de prestarmos atenção às mentiras do diabo. E, assim como a abelha é atraída pelo cheiro do mel, o medo atrai a derrota, a doença e tudo que há de negativo para quem teme.

A fé é o arrastão do bem, mas o medo nos encaminha para o precipício da destruição.

Não é pecado ser bombardeado pelo medo. Todos têm de lutar contra esses ataques do inimigo. Nós erramos e pecamos somente quando recebemos, abrigamos e cultivamos esses pensamentos que estão tentando nos derrotar.

Percebe-se, aqui, que o centro da conversa entre Paulo e Timóteo, registrada em 2 Timóteo 6:1-7, era o comodismo, porque o espírito de medo faz a pessoa ficar escondida. Paulo está dizendo a Timóteo: *Participe, vamos em frente, nós fomos designados para algo maior.* E encerra sua exortação afirmando:

> *Eu sei em quem eu tenho crido e eu sei que ele é poderoso para guardar o meu depósito (2 Timóteo 1:12).*

Paulo está exortando Timóteo a prosseguir, a não desanimar, a sair da paralisia causada pelo espírito de medo, a encarar a vida de frente, a ousar, a dar um passo de fé.

O grão de mostarda

Como a semente que cai da árvore, criando raízes e crescendo para formar uma nova árvore, assim os pensamentos de medo que não são destruídos caem da nossa mente no coração (nosso espírito) e aí se enraízam. Se não a eliminarmos, uma semente de medo produz uma árvore de medo com todos os seus frutos malignos.

Medos pequenos tornam-se grandes medos. Não podemos permitir que eles permaneçam em nossa vida, senão chegará o dia em que nos dominarão e nos destruirão.

Quanto mais tempo permitirmos que o medo permaneça em nosso coração, mais fortes se tornarão suas raízes. Como a raiz de uma grande árvore que se aprofunda no solo à procura de sustento e é difícil de arrancar, assim o espírito de medo aprofunda raízes na nossa mente, solta sementes de temor no nosso coração e paralisa nossa fé, acabando com nossa força e ânimo.

> *(...) O reino dos céus é semelhante a um grão de mostarda, que um homem tomou e plantou no seu campo; o qual é, na verdade, a menor de todas as sementes, e, crescida, é maior do que as hortaliças, e se faz árvore, de modo que as aves do céu vêm aninhar-se nos seus ramos. (Mateus 13:31-32)*

Comece a plantar sementes diferentes, como a do grão de mostarda. Sementes de fé; das promessas de Deus; de amor e verdade; de confiança; de honestidade e obediência; sementes de justiça e alegria. Deixe que o forte fertilizante da Palavra de Deus limpe e enriqueça o terreno de seu coração, para que matinhos e raízes teimosas não tenham condições de sobreviver ali.

4ª GARANTIA: A VIDA EM COMUNHÃO NA IGREJA

A quarta garantia da nossa vitória sobre o medo está alicerçada na vida em comunhão na Igreja. Pois ali temos apoio mútuo.

> *Por isso exortai-vos uns aos outros, e edificai-vos uns aos outros, como também o fazeis. (1 Tessalonicenses 5:11 – ACF)*

É melhor serem dois do que um, pois um ajuda o outro a alcançar o sucesso. Se um cair, o outro o ajuda a se levantar. Mas quem cai sem ter quem o ajude está em sérios apuros.

> *Da mesma forma, duas pessoas que se deitam juntas aquecem uma à outra. Mas como fazer para se aquecer sozinho?*
>
> *Sozinha, a pessoa corre o risco de ser atacada e vencida, mas duas pessoas juntas podem se defender melhor. Se houver três, melhor ainda, pois uma corda trançada com três fios não arrebenta facilmente. (Eclesiastes 4:9-12 NVT)*

Palavras de encorajamento nos impulsionam a prosseguir, como já ressaltamos sobre o relacionamento ministerial de Paulo discipulando Timóteo. Repetindo, é bom quando ouvimos de alguém uma palavra de ânimo e de encorajamento, principalmente naqueles dias em que estamos desencorajados, desanimados por uma série de situações.

Que melhor ambiente existe, para mútuo enriquecimento, do que a comunhão na Igreja? É o momento e a hora oportuna para orarmos uns pelos outros!

No dia a dia, cada pessoa enfrenta suas próprias tarefas, desafios pessoais, de trabalho, familiares, com uma certa solidão. Mesmo com os recursos da comunicação instantânea dos aparelhos de *smartphone*, nem sempre é possível estabelecer de imediato uma conexão pessoal, ouvir uma palavra amiga, receber uma palavra de sabedoria. Daí a importância da comunhão na Igreja:

> *Consideremo-nos também uns aos outros, para nos estimularmos ao amor e às boas obras. Não deixemos de congregar-nos, como é costume de alguns; antes, façamos admoestações e tanto mais quanto vedes que o Dia se aproxima. (Hebreus 10:24-25)*

Sendo Timóteo seu filho espiritual, seu filho no ministério, Paulo sabia da importância de apoiá-lo, e, não podendo estar juntos o tempo todo, mantinham o contato possível por meio de cartas. Mas o contato pessoal é essencial, pois tem hora que a gente empurra, tem hora que a gente freia. É igual carro, ora você acelera, ora você segura. Se você só anda com o pé no freio, você não sai do lugar, mas, se você só anda com o pé no acelerador, vai bater de frente em um muro.

> *Não te envergonhes, portanto, do testemunho de nosso Senhor, nem do seu encarcerado, que sou eu; pelo contrário, participa comigo dos sofrimentos, a favor do evangelho, segundo o poder de Deus. (2 Timóteo 1:8)*

5ª GARANTIA: ALICERÇADOS NA PALAVRA DE DEUS

A quinta garantia da nossa vitória no amor de Cristo sobre o medo é a Palavra de Deus. Esta verdade essencial é retratada no acontecimento singular denominado pesca milagrosa.

> *Aconteceu que, ao apertá-lo a multidão para ouvir a palavra de Deus, estava ele junto ao lago de Genesaré; e viu dois barcos junto à praia do lago; mas os pescadores, havendo desembarcado, lavavam as redes. Entrando em um dos barcos, que era o de Simão, pediu-lhe que o afastasse um pouco da praia; e, assentando-se, ensinava do barco as multidões. Quando acabou de falar, disse a Simão: Faze-te ao largo, e lançai as vossas redes para pescar.*
>
> *Respondeu-lhe Simão: Mestre, havendo trabalhado toda a noite, nada apanhamos, mas sob a tua palavra lançarei as re-*

des. Isto fazendo, apanharam grande quantidade de peixes; e rompiam-se-lhes as redes. (Lucas 5:1-6)

O medo já matou milhares, talvez milhões de pessoas. Já impediu que redes viessem coalhadas de peixes, pois a pessoa não confiou na promessa de Deus. A Palavra de Deus vivifica e dá saúde ao espírito, à alma e ao corpo, e abençoa a obra das nossas mãos.

Pedro poderia pensar, como especialista no ofício da pesca, que a ordem de Jesus não parecia razoável. Mas ouviu e obedeceu, e rompiam-se-lhes as redes.

Resistência ao que Jesus falava

Pedro poderia ter resistido a lançar as redes, mas justificou a sua obediência, pois era o Mestre quem dava a ordem. Muitas palavras de Jesus causavam reações de desagrado no povo em geral, nos religiosos e autoridades, pois verdades duras eram ditas pelo Mestre.

Alguns exemplos são bem conhecidos, como os escribas e fariseus serem classificados como hipócritas e comparados a sepulcros caiados de branco (cf. Mateus 23:27). Em outras ocasiões, os discípulos ficavam como que querendo contestar o que ouviam, a exemplo de Pedro, quando foi alertado que um deles trairia Jesus:

> *Disse-lhe Pedro: Ainda que todos se escandalizem, eu, jamais! Respondeu-lhe Jesus: Em verdade te digo que hoje, nesta noite, antes que duas vezes cante o galo, tu me negarás três vezes. (Marcos 14:29-30)*

Nesses e em muitos outros encontros de Jesus com diferentes pessoas, estas não compreendiam que as palavras que ouviam não eram opiniões ou pontos de vista para serem discutidos, como num debate.

Obter um benefício, alcançar uma bênção, todos queriam, mas até mesmo os discípulos achavam algumas palavras muito duras de se ouvir, como o discurso na sinagoga de Cafarnaum: *Eu sou o pão vivo que desceu do céu* (João 6:51).

Aos poucos, muitas pessoas se afastaram de Jesus, pois, mesmo alcançando o milagre de que tanto precisavam, não estavam interessadas em ouvi-lo.

À vista disso, muitos dos seus discípulos o abandonaram e já não andavam com ele. Então, perguntou Jesus aos doze: Porventura, quereis também vós outros retirar-vos?

> *Respondeu-lhe Simão Pedro: Senhor, para quem iremos? Tu tens as palavras da vida eterna; e nós temos crido e conhecido que tu és o Santo de Deus. (João 6:66-69)*

Quando Jesus diz: Não temas!, devemos receber essa palavra com todo o poder e autoridade de quem a pronunciou. Com a garantia que Isaías profetizou:

> *Porque, assim como descem a chuva e a neve dos céus e para lá não tornam, sem que primeiro reguem a terra, e a fecundem, e a façam brotar, para dar semente ao semeador e pão ao que come, assim será a palavra que sair da minha boca: não voltará para mim vazia, mas fará o que me apraz e prosperará naquilo para que a designei. (Isaías 55:10-11)*

CAPÍTULO 14

A VITÓRIA SOBRE O MEDO E O PÂNICO

O estado natural dos homens não é o da paz, é o da guerra.

IMANNUEL KANT. METAFÍSICO ALEMÃO. (1724-1804)

Uma das coisas mais difíceis é manter a calma em situações de desespero. É difícil ver a situação piorar, o problema se agravar e manter a pose. Há pessoas que são escandalosas por natureza; levam um susto e gritam. Qualquer situação gera uma reação absurda. Mas, no caso retratado em Êxodo 14, eles tinham motivo para estar em pânico:

> *Quando o Faraó se aproximava, os israelitas levantaram os olhos e viram os egípcios marchando contra eles. Em pânico, clamaram ao Senhor e disseram a Moisés: Por que você nos trouxe ao deserto para morrer? Não havia sepulturas no Egito? O que você fez conosco? Por que nos forçou a sair do Egito? (Êxodo 14:10-11 NVT)*

O que é crise de pânico? Os especialistas definem dessa forma:

> *A crise de pânico é um surto de medo intenso ou desconforto que atingem seu pico em alguns minutos. Ela por si só não é um transtorno mental. As crises podem ocorrer por fatores externos e estamos sujeitos a eles, podendo se originar de um estado calmo ou ansioso.*[10]

Pior do que ter medo é ser tomado pelo pânico, porque esse surto de medo, contaminando uma multidão, nos tira do centro, nos faz perder o controle da situação, paralisando a capacidade de tomar decisões para enfrentar a realidade.

Especialistas afirmam que, durante uma crise de pânico, você toma medidas absurdas a ponto de dizer coisas estúpidas. Tanto é que a reação do pânico, causado por uma situação extrema, faz com que o discurso do povo seja um discurso sem sentido. É o que podemos reconhecer nesse evento da travessia do Mar Vermelho, por algumas palavras acusatórias proferidas contra Moisés, o libertador: *Deixe-nos em paz! Continuaremos a servir os egípcios. Afinal, é melhor ser escravo no Egito que ser um cadáver no deserto!*

10. Disponível em: https://iptc.net.br/crise-de-panico/. Acesso em: 1 jun. 2024.

AS CIRCUNSTÂNCIAS DO CONFRONTO

Depois de um tempo longo de escravidão, o povo finalmente sai do Egito sob a liderança de Moisés. Após Deus ter enviado as 10 pragas, o coração de Faraó finalmente permite que o povo saia e vá em direção à terra prometida. O problema é que, logo após a saída, a Bíblia registra que os egípcios começam a perseguir Israel, porque Faraó cai em si: *O que é que eu fiz? Eu deixei a força de trabalho de todo o império escapar.*

Acredita-se que eram milhões de pessoas. Não se consegue afirmar, por mais que se busquem números exatos, quantas pessoas saíram do Egito na peregrinação de retorno à terra prometida. Alguns chegam a afirmar que era entre 1,5 a 2 milhões de pessoas, que era a força braçal no Egito, para tudo que se construía.

Êxodo 1 traz a informação de que tudo que era produzido no império egípcio, desde tijolos de barro até símbolos da cultura, passando pelos monumentos religiosos, acontecia pelo uso da força braçal de toda uma nação debaixo da escravidão: os hebreus. Finalmente, aqueles que viviam como escravos são liberados para retornar à sua terra, em Canaã.

Faraó deve ter pensado: *Bem, vai falir a nossa nação.* Eles então decidem pegar todo o seu exército, seus carros, seus cavalos e ir atrás do povo que havia sido liberado para trazê-los de volta como escravos, mais uma vez. Porém, de repente, quando os carros de Faraó estão se aproximando, eles percebem que estão em um cenário assustador.

Provavelmente olhando para trás, no horizonte, começam a ver a poeira dos carros, dos cavalos do exército egípcio furioso se aproximando, e à frente o mar, uma barreira intransponível. Não havia barcos, não havia nenhum recurso. Então, entrando em pânico, alguns do povo dizem:

> *Estamos perdidos! Nós vamos morrer. Era melhor termos morrido no Egito do que aqui no deserto, porque lá pelo menos havia sepulturas. Mas, que vamos morrer nós vamos!*

A PRESENÇA DE MOISÉS COMO LÍDER

Num cenário como esse, algumas histórias e lições nos são ensinadas, em particular pela figura desse líder fantástico que foi Moisés. Ele incorpora características de liderança que não são encontradas em nenhuma outra figura bíblica. Moisés é, até hoje, reconhecido como o grande líder que Israel já teve. Diante de um cenário de pânico, é necessário que alguém tenha uma atitude sensata para trazer de novo paz e bom senso ao ambiente.

Num lugar em que todos entram em pânico e se desesperam, não há esperança. É por isso que se espera do líder um pouco de bom senso. Em toda casa precisa haver alguém que ajude em um momento de crise na família, num momento de dificuldade, de desemprego, de uma notícia contrária que chega.

Em situações de forte crise, é necessário encontrar dentro de casa ou próximo de casa, num amigo ou num familiar, ou até mesmo ajuda médica, alguém que consiga pensar direito, sem ser conduzido pela situação avassaladora que está se desenvolvendo.

No caso, aquela multidão recém-liberta da escravidão foi tomada pelo pânico, gerando um pessimismo total: *Nós vamos morrer, nós vamos morrer! Acabou a vida! Não há esperança, não há o que fazer.*

REAÇÕES DESORDENADAS

Em dado momento do início do ano de 2020, instalou-se quase ao mesmo tempo em todo o mundo um pânico em nível mundial: *A pandemia chegou, olha a crise, olha a economia, olha o sinal dos tempos*. Um tom apocalíptico tomou conta de muita gente.

Não há aqui nenhuma intenção de dizer que o problema não era real. Ele era real. Assim como o seu problema é real. Só que, se você entrar em pânico, vai começar a declarar palavras de tristeza, de dor e de morte sobre a sua vida. Foi assim que o povo hebreu reagiu ao ficar encurralado entre o exército de Faraó e o Mar Vermelho. Eles começaram a responsabilizar Moisés: *Você nos forçou a vir, a sair do Egito. Quando ainda estávamos lá, avisamos que não era para sairmos.*

O pânico e as pressões da situação em que você está geram um cântico do arrependimento, um choro de reclamações e lamentações:

Eu não devia ter feito isso. Onde eu estava com a cabeça?
Eu falei pra você que não era pra gente ter feito isso.
Eu falei pra não sair do emprego em que estava.
Eu falei que não era pra você ter comprado isso.
Eu falei pra não ter namorado com essa pessoa.
Eu disse que não deveria ter casado com essa pessoa.

Se há uma coisa que não ajuda em momentos difíceis é a repetição de um discurso negativo, com tons acusatórios. Não ajuda em nada. Porque negativa a situação já está. O problema já é real. Não existe nada pior do que ter alguém adicionando um discurso pessimista, e ainda repetindo: Eu te disse, eu te disse.

Esse era o discurso do povo contra Moisés: Nós dissemos, deixa-nos em paz! E, por incrível que pareça, há quem prefira morrer escravo a enfrentar o desafio de atravessar um deserto em direção às promessas de Deus para a sua vida.

O ESPECIALISTA EM SITUAÇÕES DIFÍCEIS

Nessa situação em que não se via saída, nós aprendemos aqui que Deus é especialista em nos tirar de uma situação difícil de maneiras que nós não imaginamos. Você sabia que Deus é especialista em tirar um coelho da cartola? Lembra-se daqueles mágicos que tiravam pombas, lenços, flores e toda sorte de surpresas para aplauso da plateia?

Deus tem sempre uma carta na manga, Deus tem sempre uma porta para abrir onde você menos espera. Deus tem sempre uma resposta para perguntas que você acha que não têm resposta. Deus é especialista em agir de forma inesperada.

No caso dos hebreus em fuga da perseguição de Faraó, se havia algo que o povo julgava impossível, era que a saída viesse do mar. Poderia ser de qualquer lugar, mas do mar não poderia ser. Alguém poderia até imaginar um canto secreto para poder escapar, mas pelo mar não havia possibilidade alguma, mesmo na cabeça do mais otimista dos hebreus.

Podemos imaginar uma alternativa de fuga, mas a solução sempre virá pelas mãos do Todo-poderoso. A nossa miopia é imaginar que Deus somente pode fazer aquilo que nós achamos que é possível acontecer.

LUCIDEZ EM TEMPOS DE CRISE

Deus faz mais do que nós imaginamos. É improvável? Mas é possível.

É improvável que a situação na sua casa mude? Mas é possível. É improvável que ele ou ela volte para casa depois de tudo o que aconteceu? Mas é possível. É improvável que esse filho distante, que negou o evangelho, que se envolveu com quem não devia, que está envolvido com drogas, volte para a igreja e confesse a Cristo como Senhor? Mas é possível. É improvável que as minhas dívidas, a meu ver impagáveis, geradas pela necessidade, possam ser um dia quitadas? Mas é possível.

Deus nos ensina num cenário difícil que o que é improvável acontece.

O que aprendemos, então, com o discurso de Moisés? Esse texto é uma inspiração para absorvermos lições que só conseguimos aprender no deserto. Ser governado pelo espírito de medo não nos ajuda em nada.

A lucidez nos tempos de crise faz toda a diferença. Tomar medidas desesperadoras em meio ao pânico não resolve o problema. A lucidez é que faz a diferença. É necessário haver alguém para chegar e dizer: *Não é bem assim. Calma.*

Obviamente, é muito irritante, em momentos de muita tensão, se alguém pede calma quando você está nervoso. Moisés estava sendo acuado, com o povo se levantando contra ele, e ele então vai direto ao ponto com estas palavras: *Não tenham medo!*

AGUARDE UM MILAGRE: NÃO ENTRE EM PÂNICO

A primeira coisa que você precisa fazer para poder viver um milagre é não entrar em pânico. Portanto, desligue-se do medo coletivo, o pânico, respire fundo e rejeite ser controlado pelo medo, com a certeza de que virá um socorro da parte do Senhor:

> *Deus é o nosso refúgio e fortaleza, socorro bem presente nas tribulações. Portanto, não temeremos ainda que a terra se trans-*

> *torne e os montes se abalem no seio dos mares; ainda que as águas tumultuem e espumejem e na sua fúria os montes se estremeçam.* (Salmo 46:1-3)

Com medo você não faz nada; com medo você não sai de casa; com medo você não enfrenta algo novo; com medo você não se casa; com medo você não tem filhos. Muitos, nesses momentos de pandemia, ficaram trancados dentro de casa, sem sair. Pararam de viver. Morreram e não sabem. Quem decide não viver, apesar de todos os riscos que a vida oferece, já escolheu morrer.

O medo tem feito pessoas adotarem um discurso pessimista, negativo: *Eu prefiro ser escravo, era melhor servir aos egípcios*, e tudo isso por causa do medo.

Que discurso absurdo! Deus quer vida, liberdade, possibilidades para você, mas o medo quer continuar escravizando-o. O povo não sabia, mas eles ainda continuavam com o espírito de escravidão dentro deles. O espírito de medo.

FIQUE FIRME

A segunda recomendação que Moisés orienta o povo a fazer é simples e direta: *Apenas permaneçam firmes.*

O que ele está querendo dizer? Não é hora de voltar atrás! Porque às vezes, na hora do medo e do pânico, você recua. Você tem remorso e arrependimento depois dessas decisões. Você abandona o casamento, um emprego, um sonho, o projeto da sua vida, porque não permanece firme.

Não saia correndo. Guarde a sua posição. Por vezes, o melhor avanço que você pode ter é permanecer parado.

Nesses momentos de dificuldades, de crises, dúvidas e muitas incertezas, uma coisa muito positiva aconteceu a diversas pessoas: o fato de terem permanecido firmes acabou se tornando um passo à frente, por simplesmente terem permanecido firmes. O ruído vai baixar, a confusão vai se reduzir, o corre-corre vai diminuir, a calmaria vai retornar.

A estratégia do medo é a mesma do leão que ruge e envia as leoas para capturar as presas que saem em pânico, correndo em todas as direções.

Às vezes a melhor coisa que você pode fazer para abençoar a sua casa é permanecer ao lado de seus familiares, firme, inabalável. Permanecer fiel à sua esposa, permanecer fiel ao seu marido. O melhor para Deus é fazer o máximo que você puder dentro do cenário, sem se descontrolar, para não piorar a situação.

Deus não vai exigir de nós aquilo que não temos condição de oferecer. Mas Ele também não vai aceitar nada que não seja o melhor que temos a oferecer: perseverar na sua vontade para nós.

> *Não abandoneis, portanto, a vossa confiança; ela tem grande galardão. Com efeito, tendes necessidade de perseverança, para que, havendo feito a vontade de Deus, alcanceis a promessa.*

Porque, ainda dentro de pouco tempo, aquele que vem virá e não tardará; todavia, o meu justo viverá pela fé; e: Se retroceder, nele não se compraz a minha alma.

Nós, porém, não somos dos que retrocedem para a perdição; somos, entretanto, da fé, para a conservação da alma. (Hebreus 10:35-39)

CONFIE QUE CADA PROMESSA DE DEUS SE CUMPRIRÁ

No terceiro conselho que Moisés dá, ele pede que os olhos de cada um do povo sejam abertos. Vejam como o Senhor os resgatará nesse dia! Moisés está dizendo: *Abram os olhos para enxergarem o sobrenatural.* Você tem que abrir os olhos para ver a ação de Deus na sua vida.

Creia que Deus irá agir. Qual a atitude a tomar? Crendo que Deus irá agir, abra os seus olhos para poder enxergar, pois, se você não quiser enxergar, nem se estiver tudo bem visível à sua frente você conseguirá ver.

Você já procurou coisas na gaveta de um armário ou cômoda na sua casa? Homens têm essa dificuldade. Quando o homem diz, com palavras carinhosas: "Amor, você viu o alicate de cortar unha?".

A mulher responde prontamente: "Está na segunda gaveta da sala. Eu usei hoje de manhã".

E o homem responde: "Não está não, já olhei três vezes".

Homem tem esse problema, ele não enxerga. Ele olha e não enxerga.

Ele insiste que não achou, e então a mulher diz que, se ela for lá, vai achar, e é o que normalmente acontece.

Moisés continua a motivar, como que dizendo: Abram os olhos para o sobrenatural. Vejam como o Senhor os resgatará nesse dia.

Você não pode desistir de acreditar que Deus poderá ajudá-lo ainda hoje. Olhe, olhe como quem está procurando e querendo achar, porque Deus vai colocar diante de você porta abertas, provisão, milagre, socorro, sabedoria para decisões.

O diabo está tentando convencer você de que tudo saiu do controle, mas o soberano Deus continua no governo de todas as coisas. Não tenha medo. Veja, abra os olhos para as possibilidades. Permaneça firme. Por que vai recuar agora?

Abandonar tudo, jogar tudo para o alto? Eu nunca vi ninguém que decidiu voltar atrás conquistar alguma coisa na vida. A vitória pertence aos que perseveram até o fim. Fica firme. Abra os olhos para as possibilidades que vão se colocar no seu caminho.

CONTEMPLE AS PORTAS ABERTAS

Deus vai colocar diante dos seus olhos portas abertas, mares se abrindo, lugares onde você não imaginou que haveria uma saída. Deus vai surpreendê-lo. Abra os olhos para o sobrenatural. O homem natural não entende as coisas do espírito, mas nós não somos apenas homens naturais, somos cheios do Espírito de Deus. Vemos pela fé o que ninguém vê.

Somos como o profeta Eliseu, e não como seu servo Geazi, conforme descrito em 2 Reis 6.

O lugar estava cercado pelos soldados do rei, que procuravam prender Eliseu, e o moço do profeta dizia: Estamos perdidos. Mas Eliseu, que já estava acostumado a ver o sobrenatural, faz uma oração pedindo para que fossem abertos os olhos do seu moço para que ele conseguisse ver que mais são aqueles que são por nós do que aqueles que são contra nós. E os olhos do moço são abertos para o sobrenatural. Então, ele experimenta o que o salmista tão graciosamente explica:

> *Se ando em meio à tribulação, tu me refazes a vida; estendes a mão contra a ira dos meus inimigos; a tua destra me salva. O que a mim me concerne o Senhor levará a bom termo; a tua misericórdia, ó Senhor, dura para sempre; não desampares as obras das tuas mãos. (Salmo 138:7-8)*

Sabe o que acontece quando você abre os olhos para o sobrenatural? A sua esperança renasce. A sua fé é fortalecida. Pois usualmente não temos ideia das miríades de anjos que estão agindo em nosso favor, de coisas que estão sendo orquestradas no reino espiritual para nos socorrer. Ande próximo de pessoas que te ajudem a enxergar melhor.

DIAS MELHORES VIRÃO

A quarta coisa que Moisés diz está em Êxodo 14:14: *Vocês nunca mais verão os egípcios que estão vendo hoje.* Mantenha a perspectiva de que dias melhores virão. Mantenha a perspectiva da intervenção de Deus. A sua dor vai passar. Você irá vencer o medo.

Mantenha acesa a chama da esperança que te leva a crer que um dia a lágrima vai cessar, a dor vai passar e o sorriso vai voltar. Mantenha esta expectativa: Eu viverei dias melhores. Tudo na vida passa e termina melhor com a ajuda de Deus, como ensina Salomão:

> *Melhor é o fim das coisas do que o seu princípio; melhor é o paciente do que o arrogante. (Eclesiastes 7:8)*

Não há deserto que dure para sempre, não há luta que dure para sempre, não há choro que dure para sempre. Uma hora a coisa muda para melhor.

Deus nos prometeu vivermos uma vida cada dia mais abençoada. Isso não quer dizer que não virão dias ruins. Moisés está dizendo que esses egípcios vocês nunca mais vão ver.

Tem coisas que Deus realiza de uma vez; outras, acontecem aos poucos. Porém, mantenha a perspectiva e a expectativa de que dias melhores virão, pois Deus está sempre agindo para o nosso bem.

Essa é a perspectiva apresentada por Deus ao profeta Habacuque, quando este reclama que Deus estaria atrasado em aplicar a sua justiça contra os inimigos do seu povo. Como poderia Deus, tão puro de olhos (cf. Hc 1:13), suportar tanta maldade sem nada fazer? E Deus confirma que dias melhores virão sobre o seu povo, mas o que era necessário, no momento, era viver firme nas promessas Dele:

> *O Senhor me respondeu e disse: Escreve a visão, grava-a sobre tábuas, para que a possa ler até quem passa correndo.*
>
> *Porque a visão ainda está para cumprir-se no tempo determinado, mas se apressa para o fim e não falhará; se tardar, espera-o, porque, certamente, virá, não tardará. (Habacuque 2:2-3)*

A BATALHA PERTENCE AO SENHOR

Em quinto lugar, ainda no versículo de número 14, Moisés afirma que o próprio Senhor lutará por vocês. Lembre-se de quem luta as suas batalhas. Você não está sozinho. Se você estivesse sozinho, então poderia se desesperar. Por isso, não entendo pessoas que pretendem enfrentar as lutas da vida sem um relacionamento com Jesus. Não tem jeito.

Quando sabemos que quem está ao nosso lado é o Senhor poderoso nas batalhas, não temos por que nos desesperar. Pois não depende de nós, é ele quem diz que lutaria as nossas guerras.

E Deus é por você. Moisés está dizendo que o Senhor lutará por vocês, o que o apóstolo Paulo também nos ensina em suas cartas:

> *Que diremos, pois, à vista destas coisas? Se Deus é por nós, quem será contra nós? (Romanos 8:31)*

Essa luta que você está enfrentando na sua casa, Deus vai lutar por você. Essa situação de crise que você está enfrentando na sua família, é Deus quem vai lutar. Ele nunca perde uma batalha. Não tenha medo. Fique calmo. Por isso, no final da conversa, Moisés termina dizendo: "Fiquem calmos", e ele oferece razões suficientes para o povo se tranquilizar. Pois a nossa perspectiva é sempre assumirmos a posição de mais que vencedores, aqueles que têm a vitória completa por meio daquele que nos amou (cf. Romanos 8:37 – NVI).

CONCLUSÃO

Nas páginas deste livro, você recebeu instruções para que possa sair da escravidão do medo e do pânico. Deus tem um plano na sua vida, e aquilo que Ele prometeu que faria, Ele vai cumprir.

Você crê nisso?

Talvez você tenha chegado aqui em meio a um cenário de impossibilidades. O exército de Faraó avançando e o Mar Vermelho fechado. Consequência? O pânico tomou conta da multidão. Mas há um detalhe no texto que descreve a situação que muda tudo:

> *(...) os filhos de Israel levantaram os olhos, e eis que os egípcios vinham atrás deles, e temeram muito; então, os filhos de Israel clamaram ao Senhor. (Êxodo 14:10)*

Em meio ao pânico eles clamaram ao Senhor. Quem sabe, no meio desse pânico que pode estar envolvendo a sua vida, o que você precisa é clamar a Deus? Aqui, eu pego emprestadas as palavras de Moisés ao povo para dizer a você: Não tenha medo, tudo está sob controle! Mas, pastor, não parece que está! Saiba disso, nem tudo é como parece.

NÃO MAIS ESCRAVO DO MEDO

Todas as vezes que você sair de casa para trabalhar, que ê enfrentar as dificuldades, que for fazer um tratamento contra um câncer, contra uma doença, quando você for visitar alguém no hospital, entre na batalha sabendo que o seu general é Cristo.

Em qualquer situação, saiba que você não está sozinho, você não está abandonado. Ele é quem luta, você somente adora. Ele dá ordem a seus anjos. Fique calmo. Acalme o seu coração.

Eu não conheço a sua luta, eu não sei quais são os seus medos, mas sei que Deus o trouxe aqui e colocou você para ler este livro com um propósito: para que você não seja mais escravo do medo.

Às vezes, você está igual aos discípulos: se trancou por dentro e não sai do lugar. Não tem mais futuro, porque ele foi totalmente condenado pelo sentimento escravizador do medo. Mas, hoje, Deus o preparou para liberar para você a palavra que você está lendo.

O nosso Deus é o Deus da segunda chance, da terceira chance, o Deus que muda a realidade, pois Ele mesmo decidiu lidar com o nosso pecado de modo inusitado:

> *Porque esta é a aliança que firmarei com a casa de Israel, depois daqueles dias, diz o Senhor: Na mente, lhes imprimirei as minhas*

leis, também no coração lhas inscreverei; eu serei o seu Deus, e eles serão o meu povo.

Não ensinará jamais cada um ao seu próximo, nem cada um ao seu irmão, dizendo: Conhece ao Senhor, porque todos me conhecerão, desde o menor até ao maior deles, diz o Senhor.

Pois perdoarei as suas iniquidades e dos seus pecados jamais me lembrarei. (Jeremias 31:33-34)

JESUS ATRAVESSA A MURALHA DO MEDO

Assim como Jesus entrou naquele lugar onde os discípulos estavam trancados (cf. João 20:19-23), eu creio que o Espírito Santo de Deus passeia no lugar em que você se encontra agora.

Ele quer se colocar no meio da sua crise e dizer: "Eu vim para lançar fora todo medo, para quebrar as cadeias, para destruir as correntes e soprar sobre você a minha paz. Paz seja com você".

Porque Jesus disse duas vezes: Paz! Eu acredito que tenha sido a única vez que Jesus repete a mesma coisa no sentido de abençoar, liberar duas vezes a mesma coisa para uma pessoa ou um grupo.

Entrando sobrenaturalmente naquela sala trancada, Jesus estava nos ensinando que Ele pode atravessar as muralhas do medo, aquelas que encarceram o nosso coração. Ele entra, se coloca no meio deles e diz: Paz seja convosco! E então mostra as feridas e o lado.

Percebendo que isso não era suficiente, porque às vezes nós queremos apenas evidências para ter paz, Jesus vem de novo e diz: Paz seja convosco! Jesus está insistindo com você, paz seja sobre sua vida.

> *Ora, o Senhor da paz, ele mesmo, vos dê continuamente a paz em todas as circunstâncias. O Senhor seja com todos vós. (2 Tessalonicenses 3:16)*

Eu creio que Deus agora está liberando sobre a sua vida, sobre a sua casa, sobre o seu coração uma palavra de paz, e que todo espírito de medo caia por terra e deixe de escravizar você. Pessoas que estão escravizadas serão libertas pelo poder da presença de Jesus Cristo, e você receberá o sopro de Deus sobre sua vida, o sopro de vida, o sopro de novas coisas, mediante o Espírito Santo.

O texto de João 20 não traz detalhes, mas, depois dessa presença, os discípulos abriram as portas. Tanto é que Jesus disse que iria encontrá-los na Galileia.

Quando a paz de Cristo invade nosso coração, quando o Espírito Santo toma conta da nossa vida, retomamos o caminho para um tempo novo, um tempo de libertação, um tempo de experiências maravilhosas, de cumprimento de sonhos.

Eu creio que essa é uma palavra necessária para sua vida, porque o seu maior inimigo é esse medo que te escraviza, que te paralisa, que te intoxica, que destrói seus relacionamentos, que sabota o seu futuro. Mas hoje, pela revelação da verdade de Deus, você é liberto em nome de Jesus.

UM ALERTA ESPECIAL

Retornando ao conselho de Paulo a Timóteo, que examinamos em capítulos anteriores, o apóstolo certamente havia passado por inúmeras situações semelhantes ou até piores do que aquelas que Timóteo estava enfrentando ou viria a enfrentar. Mas ele disse: "Timóteo, não há maneira de você ser governado por dois espíritos. Ou você é governado pelo Espírito de Deus, ou você é governado pelo espírito do medo".

Você que tem estado debaixo desse espírito de medo, síndrome do pânico, escravizado por uma ansiedade infundada, eu quero orar com você. Confesse que você precisa de ajuda, confesse: "Senhor eu estou preso dentro deste quarto como os discípulos, trancado do lado de dentro, as portas fechadas, eu me fechei para as minhas possibilidades, para o meu futuro, o medo me aprisiona. Me liberta hoje".

A única maneira de vencer o espírito de covardia e de medo é quando você se reveste da autoridade do Espírito de Deus. E o que o Espírito de Deus produz em nós? Fortalecimento!

> *Quanto ao mais, sede fortalecidos no Senhor e na força do seu poder. (Efésios 6:10)*

Maior é o poder de Deus do que o poder do espírito de medo. Deus tem, através da ação de seu Espírito, condição de nos fazer encontrar forças nele para enfrentar as lutas.

Para cooperar com você para vencer esse medo, esse espírito que paralisa sua vida, que o faz ficar estagnado, sem alegria, vamos orar juntos.

ORAÇÃO FINAL

Pai, aqui estamos nós neste momento. Algumas lutas se tornam tão difíceis e insuportáveis que nos fazem desesperar da própria vida. Entramos em pânico. O pânico começa a produzir em nós sentimentos estranhos e, como o salmista diz, quando a minha alma amargou e o espírito se embruteceu, eu era como ignorante na tua presença e falava coisas tolas.

Senhor, perdoa as tolices que falamos em meio aos momentos difíceis. Tem misericórdia de nós. Não leve em conta as palavras insensatas provocadas pelo desespero. Ajuda-nos a ouvir com clareza o que o teu Espírito nos ensinou. A não permitir com que o medo nos domine.

Senhor, caia por terra todo o medo que nos paralisa e que impede as pessoas de olharem para a frente, que impede pessoas de viverem a vida. Senhor, que as pessoas rompam, na autoridade do nome de Jesus, com as correntes que as aprisionam, as correntes do medo.

Abre os nossos olhos, muda histórias. Ajuda-nos a viver, libertando-nos da paralisia e apatia produzidas pelo sentimento mais escravizante do mundo, para vivermos a vida plena que Deus prometeu a cada um de nós, não mais escravos do medo!

Em nome de Jesus, amém!

FLAVIO VALVASSOURA

BIBLIOGRAFIA CONSULTADA

BUENO, Francisco da Silveira. *Grande dicionário etimológico--prosódico da língua portuguesa*. São Paulo: Saraiva, 1967.

BULFINCH, Thomas. *O livro de ouro da Mitologia*: histórias de deuses e heróis. 34. ed. Rio de Janeiro: Ediouro, 2006.

COSTA, Agenor. *Dicionário de sinônimos e locuções da língua portuguesa*. 3. ed. São Paulo: Fundo de Cultura, 1967.

CUNHA, Antônio G. da. *Dicionário etimológico Nova Fronteira da língua portuguesa*. 2. ed. Rio de Janeiro, 1982.

GARDNER, Paul (ed.). *Quem é quem na Bíblia Sagrada*. São Paulo: Editora Vida, 2002.

HENRY, Mathew. *Comentário bíblico*. Tradução de Degmar Ribas Júnior. Rio de Janeiro: CPAD, 2018.

LACERDA, Roberto C. de; LACERDA, Helena da R. C. de; ABREU, Estela dos S. *Dicionário de provérbios*. 2. ed. rev. e ampl. São Paulo: Editora Unesp, 2004.

LALANDE, André. *Vocabulário técnico e crítico da filosofia*. São Paulo: Martins Fontes, 1996.

NAVE, Orville J. *Nave's Topical Bible*: a digest of the Holy Scriptures. Chicago, USA: Moody Press, 1970.

NINA, A. Della (org.). *Dicionário enciclopédico da sabedoria*. São Paulo: Editora das Américas, 1955.

RÓNAI, Paulo. *Dicionário universal de citações*. São Paulo: Círculo do Livro, 1985.

WIERSBE, Warren W. *Comentário bíblico expositivo*. Santo André, SP: Geográfica, 2007.